华罗庚的故事

李建臣◎主编

远方出版社

图书在版编目（CIP）数据

华罗庚的故事 / 李建臣主编. -- 呼和浩特 ： 远方出版社，2022.12
（“榜样代代传”系列丛书）
ISBN 978-7-5555-1827-3

Ⅰ. ①华… Ⅱ. ①李… Ⅲ. ①华罗庚（1910-1985）—生平事迹—青少年读物 Ⅳ. ①K826.11-49

中国版本图书馆CIP数据核字(2023)第000338号

华罗庚的故事
HUA LUOGENG DE GUSHI

主　　编 李建臣
责任编辑 蒙丽芳 萨日娜
封面插画 吴幸婷
内文插画 吴幸婷
封面设计 VIOLET Q1152979738
版式设计 曹　驰
出版发行 远方出版社
社　　址 呼和浩特市乌兰察布东路666号　邮编010010
电　　话 （0471）2236473总编室　2236460发行部
经　　销 新华书店
印　　刷 天津中印联印务有限公司
开　　本 880毫米×1230毫米　1/32
字　　数 115千
印　　张 6.5
版　　次 2022年12月第1版
印　　次 2023年4月第1次印刷
印　　数 1—5000册
标准书号 ISBN 978-7-5555-1827-3
定　　价 42.00元

编者序

吾辈自强　强国有我

对于青少年来说，他们正处于长身体、长知识和形成世界观的重要时期，兴趣广泛、可塑性强，各方面都还不成熟。如何紧扣时代脉搏，与时俱进地帮助青少年树立正确的人生观、价值观和世界观，是家庭、学校和社会需要共同思考的问题。

党的十八大以来，以习近平同志为核心的党中央高度重视青少年的思想政治教育，习近平总书记在许多场合对加强青少年思想政治教育发表了一系列重要讲话，内容涵盖立德树人、社会主义核心价值观的培育和践行、以文化人、以文育人、教育合力构建、加强党的领导等。这些重要论述，充分体现了以习近平同志为核心的党中央对青少年成长成才的亲切关怀和殷切期待，立意高远，思想深邃，形成了内涵丰富的思想政治教育理论体系，为提升青少年思想政治教育科学化水平指明了方向。

榜样教育是青少年品格塑造的一种重要形式，应科学合理地树立榜样，为青少年追求真理、完善人格、实现理想指明方向，并源源不断地提供精神力量，从而培养青少年爱国、奉献、创新、求真、务实的崇高品质。

为了帮助青少年向榜样看齐，向使命聚焦，汲取榜样的力量，感受其家国情怀以及进取、奉献的优秀品质，我们组织多位专家学者编撰“榜样代代传”系列丛书，介绍了钱学森、竺可桢、钱伟长、华罗庚、钱三强、苏步青、李四光、童第周、陈景润及邓稼先等科学先驱的事迹。这些科学家学习成绩优异，科技成果突出，得到了国际学术界的广泛认可。他们每一个人都深深知道：科学无国界，科学家有祖国。钱学森说：“我的事业在中国，我的成就在中国，我的归宿在中国。”李四光说：“要把所学到的知识，全部奉献给我亲爱的祖国。”邓稼先说：“假如生命终结后可以再生，那么，我仍选择中国，选择核事业。”他们不惜牺牲个人利益，远跨重洋回到生活与科研均“一穷二白”的祖国，在各自的领域自力更生、攻坚克难、开拓创新，为我国的社会主义建设和国防安全做出卓越的贡献。

鲁迅先生在《中国人失掉自信力了吗》一文中发声：“我们从古以来，就有埋头苦干的人，有拼命硬干的人，有为民请命的人，有舍身求法的人……”历史的风雨、生活的磨难，阻挡不了这些人前行的脚步。正是他们扛起了中华民族伟大复兴的重任，他们无愧为“中国的脊梁”。有人不禁要问：今天的青少年长大后，还能不能扛起重任？

要回答今天的青少年还能不能扛起重任的问题，我想起了梁启超先生100多年前的期许——“少年智则国智，少年强则国强。”

榜样是一面旗帜，榜样是一座灯塔，榜样是一种动力，可以为当代青少年引领方向，指导他们奋勇前行。这套“榜样代代传”系列丛书的出版初衷，就是希望青少年以老一辈科学家为榜样，学习他们胸怀祖国、服务人民的爱国精神，勇攀高峰、敢为人先的创新精神，追求真理、严谨治学的求实精神，淡泊名利、潜心研究的奉献精神，集智攻关、团结协作的协同精神，以及甘为人梯、奖掖后学的育人精神，并将这些可贵的品质吸收为个人的精神财富与进取动力，做有理想、有本领、有担当的新时代青少年。

目录

第一章　皮小子变“罗呆子”

第二章　走出杂货铺的数学青年

第三章　初中文凭的清华老师

第四章　在西南联大的苦与乐

第五章　数学家的国界

第六章　数学重担一肩挑

第七章　治学育人有方法

第八章　人民的数学家

第九章　赤子之心

第一章 皮小子变『罗呆子』

华罗庚小时候是个典型的皮小子。他从来不会乖乖地待在家里，总是哪里热闹就去哪里玩。

爱动脑筋的“罗罗”

在江苏太湖西北有一个叫金坛的地方，这里历史悠久，早在石器时代就有先民在此繁衍生息。这里曾一度是满城瓦砾、破败不堪，如今已经建起了新的楼房和街道，景象焕然一新。金坛人始终没有忘记这里曾经有一块“金子”——数学家华罗庚，为他们带来骄傲。金坛的华罗庚纪念馆里至今仍保留着他童年时候的玩具，那一件件小物件似乎都在展示这位数学天才的别样童年。

1910 年 11 月 12 日，华罗庚出生在金坛清河桥东的一个小店里，小店的主人便是华罗庚的父亲华瑞栋。华瑞栋是他的大名，他还有个小名叫祥发，乡亲们都亲切地称他为“华老祥”。华老祥本是丹阳人，年轻的时候开了一家丝绸店，可惜一场大火将丝绸店烧了个精光，为了生活，他只能从废墟里搜罗出最后一点能用的家当，重新开始奋斗。最终，他在金坛城中的清河桥东落脚，开了一家卖杂货的小店，取名“乾生泰”。

华罗庚有个姐姐叫华莲青。在华罗庚出生前，华老祥最大的心愿就是有个儿子。当时重男轻女，年近40还没有儿子，华老祥整天愁容满面。

就在华老祥40岁的时候，华罗庚降生了，老来得子的华老祥别提有多高兴了。说来也巧，妻子临盆的时候，华老祥正背着个箩筐在赶路，到家时儿子正好出生。华老祥为了让儿子健康成长，便为他取名“罗庚”，出自“箩根”的谐音，意为“放进箩筐辟邪，同根百岁”。此后，邻居们便亲切地叫华罗庚“罗罗”。

华罗庚3岁的时候，母亲带着他乘坐人力车回丹阳老家探亲。这天正赶上下大雪，城里的土路因为融化的雪水而泥泞不堪，非常难走。由于天气冷，车夫喝了些酒来暖身子，结果贪杯多喝了些，他们走到一座桥上的时候，一下子连人带车都掉进了河里，车夫被吓得不知所措。华罗庚的母亲在水里一边大喊救命，一边想方设法把华罗庚托举到水面上。

危急时刻，她觉得似乎有人推了她一把，借着这股劲，母子二人摸到岸边。上岸后母亲定了定神，仔细观察，原来是河里涌动的浪头“救”了娘儿俩。母亲抱着华罗庚又哭又笑，说：“终于保住我家这个命根子了！”

华罗庚小时候很羡慕那些能骑马的人，可是家里没有马。怎么办？他就在父亲的小店里蹦蹦跳跳，把柜台当马骑。时间一长，这些已经不能满足他骑马的乐趣，他就找来一个木板凳，在上面凿个洞，再套上一根绳子作缰绳“骑”了起来。每次“骑马”他总爱叫“马嘟嘟，马嘟嘟”，这个小木板凳后来也就以“马嘟嘟”为名，被保存在华罗庚纪念馆。

那时小店兼卖一点日用杂货，对于当时的情景，华罗庚后来回忆道：“来我家小店买香烟的人很穷，大多是每次只买一支烟，还要借店里的香来点一下火。”不难看出，小时候上蹿下跳的华罗庚并没有一味贪玩，对生活也有细致入微的观察。

华罗庚小时候是个典型的皮小子。他从来不会乖乖地待在家里，总是哪里热闹就去哪里玩。庙会、灯节、船会都少不了他的身影，玩累了他就随便找个能躺下来的地方睡一会儿。为了这事，家里人没少着急。

华罗庚从小就不愿意盲目地跟随别人，他更乐于探求事情的真相。一天，他跟小伙伴们一起出城玩耍，在一座老坟前见到很多石人和石马。他问小伙伴们知不知道这些石头有多重，他们不假思索地说："这谁能知道啊？"但华罗庚却一直想着这个问题，最后颇为郑重地告诉他们："以后总会有方法知道的！"

确实，华罗庚没有说错。多年后，估算这些石头的重量对学有所成的他而言已经不算什么问题了，但儿时追根究底的精神却影响了他的一生。

华罗庚的童年是快乐的，他可以自由地去发现、探寻、求索，尽管身边的人无法帮他解决各种疑问，但是也没有阻止他好奇的步伐。遇到让人疑惑的事情，华罗庚总是自己寻找答案，这种自主学习、勇于探索的精神，对他产生了重要影响。

学校里的“怪小孩”

码头是县城里最热闹的地方，而华老祥的杂货店就紧靠着码头。

小时候，华罗庚和姐姐华莲青每天都手拉着手，穿过热闹的人群到城门外的仁劬小学读书。上小学这几年，他和姐姐一边上学一边帮家里做家务，日子过得简单又快乐。

转眼间，华莲青小学毕业了，在“女子无才便是德”观念的影响下，她没能继续上学。华罗庚因为比较贪玩，学习成绩并不好，所以在毕业时只拿到了一张修业证书。不过，作为家中独子，华家望子成龙的心愿全都寄托在他的身上，打算将他送到刚刚成立的金坛县立初级中学继续读书。

金坛县立初级中学是金坛县第一所初级中学。1922年，华罗庚顺利入学，成为第一班的一名学生。这一年，该班共收 8 名学生。

刚上中学时，华罗庚依旧很顽皮，尤其是他的字写得非常潦草。教国文的老师都不太喜欢这个不认真的小男孩，华罗庚因此也时常受到老师们的批评，其中一位老师说："华罗庚的字写得像螃蟹爬一样，以后很难有出息。"

在老师的教导下，华罗庚慢慢变得认真起来，尤其数学成绩越来越好。一次，数学老师教学生做数学习题，大概是已知一个图形，要从中挖去一些已知图形，如长方形、三角形、梯形等，求剩下图形的面积。老师教的方法是先算出要挖去的各已知图形的面积，然后再把它们加起来，最后用已知长方形的面积减去它，即得剩下图形的面积。华罗庚没有采用老师的方法，而是用了更简便的方法。老师发还习题本时，最后才发华罗庚的习题本，问道："你是怎么做的？你的方法和我教的不一样。" 华罗庚就把自己是怎么考虑的，一一讲述给大家听。由于他的解题方法既简单又清楚，老师与同学们听了都很信服。

后来，每当数学考试题目相对简单时，数学老师李月波就把华罗庚找来，悄悄地对他说："今天的题目太

简单了，你上街去玩吧！”由此可见，当时的华罗庚在数学方面已经开始显露出天赋。

李月波可以说是华罗庚的启蒙老师，后来华罗庚写信给当时的校长韩大受时说道：“李月波老师是一位难得的好老师，是他引导和培养了我对数学的兴趣，是他为我在初中三年打好了数学基础，使我以后得以自学数学，并成为我一生为之追求和奋斗的目标。我很感谢他！”

除了数学之外，华罗庚在其他方面也表现出与众不同的才能，却被老师们认为是“孺子不可教”。

有一天，国文老师讲《周公诛管蔡》，课文中讲到周武王去世时，成王年幼，由周公摄政，管叔、蔡叔不服，连同武庚一起发动叛乱，结果被周公平定，管、蔡被诛杀。按照老师遵循的传统观点，应该歌颂周公诛管、蔡，平定叛乱。但老师讲到这里时，华罗庚却提出了疑问，说可能是周公想造反，管、蔡识破了他的谋反企图，所以周公才杀人灭口。而周公既然已经诛杀了管、蔡，并且用的是维护周王室的名义，那他就不能再谋反了。没等华罗庚把话说完，语文老师便火冒三丈地斥责道：“周公圣人也，岂可妄议？”

当时老师们还把华罗庚看成“怪学生”。一天早晨，全校师生都穿着短装在操场上做早操，华罗庚姗姗来迟，竟然穿着长袍，外面还罩了件短马褂。同学们看见后都觉得华罗庚这次肯定要挨批评了，没想到他却不紧不慢地将长袍撩起，下襟塞到外面的马褂里，这样一来，长袍就变成了短袍。接着，华罗庚大大方方地走入早操的队列，和同学们一起做完了早操。早操结束后，华罗庚将外面的马褂一抖，长袍又放了下来，恢复成本来的样子，同学们都忍不住哈哈大笑。站在操场上的校长韩大受看到这一幕，对于这个怪学生他只是一笑而过。

一生的启蒙者

在华罗庚成名后，金坛县立初级中学的国文老师杨立三说：“华罗庚现在已经成为国内外著名的数学家，但是识英雄于未遇之时，则为韩可吾与王维克。”

这里提到的韩可吾就是韩大受，可吾是他的字。他是金坛有名的知识分子，也是金坛县立初级中学的创办者。1889 年，他出生在一个贫寒的书香世家。韩大受从小极为聪明，8 岁入私塾学习，14 岁到上海就读于健行公学，这是他第一次在“西学”的道路上进行探索。

韩大受与华罗庚的求学经历有些相似，都是因为家庭贫困，只能中途辍学。后来，韩大受读了很多文章，深受其中先进思想的影响，开始以“汉魂”为笔名，在许多报刊上发表文章。15 岁时，韩大受辗转到南京两江优级师范学堂读书，专攻农博科。

辛亥革命之后，韩大受的同学争相在各地组织办学，韩大受则在金坛县民政署担任教育科科长兼县视学。几年来，他在工作中积攒的钱，都用来创办女子学校了。之后几年，韩大受在许多地方的学校担任教员，积累了丰富的治学和教学经验。他在 26 岁那年结了婚，不料两年后妻子便去世，之后一直过着独居生活。

1921 年，韩大受被任命为金坛县立第一高小校长，组织筹办了金坛县立初级中学，也就是我们所熟知的金坛中学。1922 年，金坛中学正式成为独立学校，韩大受担任第一任校长。华罗庚就是在此时成为这所学校的第一届学生，两人长达数十年的情谊也由此开始。

韩大受作为校长，并不直接参与对学生的教学活动，但是他在学生的心目中，尤其是在华罗庚心目中，永远是亲切而高尚的。

在金坛中学学习或工作的人都知道，他们的校长是金坛县教育事业的开创者。韩大受创办金坛中学时，为了筹措资金，卖掉了家中仅有的田产，就连自己的薪水也如数捐出。韩大受有识人之才，求贤若渴，当时很多有学问的知识分子，如王维克、杨立三、李月波等都被他聘为教员。韩大受对这些教员极为尊重。对于学生，韩大受要求他们认真读书，更要求他们要有良好的品质和爱国的责任感，学会独立劳动并恪守勤俭节约的美德。学生们对这些要求可能没有多么深刻的理解，但是他们潜移默化地从韩大受身上学到了这些品质。因此，对于这位可敬的校长，金坛中学的师生都充满了尊重与喜爱。

华罗庚回忆韩大受对自己的影响时说：“金坛中学的创立者是我最敬爱的韩大受老师，他把毕生精力、所有财产都贡献给了这所学校。他为了办学，卖掉了所有的田产；他淡泊勤俭，冬天连棉衣都舍不得穿；他在政治上也是进步的。在我们家乡，他在学生和群众当中的声誉也是好的。”

韩大受对华罗庚的帮助和影响是多方面的。华罗庚申请入校时，韩大受得知华家家境贫寒，便免去了华罗庚的学费，使华罗庚有机会接受学校教育。后来看到读初一的华罗庚总是贪玩，没有全身心投入学习，韩大受便找他谈心，劝勉他好好珍惜学习机会，只有认真学习才能有所建树。

之后，华罗庚发奋努力，终于成为品学兼优的学生。在回忆韩大受时，华罗庚总忘不了当年韩大受告诉自己的做人标尺：“做人要正，待人要诚，学习要勤，工作要实，生活节俭，做一个有益于社会、有益于国家的人。”

从金坛中学毕业后的几十年里，华罗庚与韩大受一直保持书信往来。每当有什么新的研究，他总要向老校长汇报，韩大受每每收到来信都倍感欣慰，忍不住拿给金坛中学的学生一起看，让他们向这位老校友学习。从韩大受对华罗庚的评语“弟子不必不如师，师不必贤于弟子”可以看出，这个学生是多么令他自豪。

后来，华罗庚在政治上的走向，也受到了韩大受的深刻影响。

1925 年，韩大受调离金坛中学，担任金坛县教育局局长，开始着手编著《列宁年谱》等书，在训诂学和语言学上的突出才能得到了充分的发挥。之后的很多年里，韩大受在学术上颇有成就，出版了许多影响深远的著作。

直到1971年去世，韩大受始终没有停止教育工作，把一生都奉献给了教育。他留给华罗庚的，除了对数学、对知识不懈的追求探索精神外，还有为人处世的真诚和为人民服务的公心。

幸遇恩师王维克

上初三的时候，华罗庚遇到了人生中重要的一位老师——王维克。王维克在数学上给予了他很多帮助和启发。这匹“千里马”，由此遇到了生命中的伯乐。

王维克是科学家居里夫人的学生，出国留学前就在金坛教书。1923年，华罗庚读初二的时候，王维克担任其班主任。他不像其他老师那样，通过表面现象断定华罗庚是个调皮捣蛋的坏学生，相反，他认为华罗庚在数学方面很有天赋。

一天，金坛中学的几位教员在一起谈论学生。“成绩好的学生都去省城念书了，剩下的这些都不争气啊！”一个教国文的教员如此说道。王维克不同意，他说：“怎么能这么说呢，这些孩子也不错啊，你看华罗庚就挺好的嘛。”

大家一听王维克说华罗庚还不错，纷纷表示反对，嘲笑华罗庚写的字就像螃蟹在爬一样，歪歪扭扭不成样子，乍看上去是个极不用功的学生。王维克却说，起初他也和大家一样，认为华罗庚的字不成样子，后来经过一番研究才发现，他数学本上很多涂改的地方，正反映了他在演算习题的时候，是如何渐渐找出思路并解决问题的。

王维克还指着一群在操场上玩耍的学生，对同事们说：“这一大群学生中，有喜欢写字的、画画的、雕刻的、演说的、做玩具的、做数学题的、下棋的，或者是喜欢探寻天之高地之厚的，或者是喜欢默默沉思的，都是各式各样的人才。我们做老师的只要好好地启发他们、引导他们，对于他们所喜欢的，尽力让他们去做，锲而不舍，行之10年、20年、30年，哪有不成为名家之理呢？我奉劝诸位，千万莫把松苗当蓬蒿！而且一个人字写得好坏，跟他以后的成就也不能相提并论啊。”

这段话生动而深刻地反映了王维克的教育理念，这种因材施教、因势利导的教育方法，即使在今天也不过时。

从此，王维克特别留意这个行为怪异的学生，不仅在生活上给予他帮助，而且在数学学习上更是给予他莫大的支持。

王维克不仅精通数学，还在其他方面也多有造诣，尤其在语言方面很有建树。为了翻译但丁的《神曲》，他闭门不出，查阅作者的相关资料。译完一章初稿后，他让妻子大声朗读复查，然后对不满意的地方进行反复修改。这样一位一丝不苟、博闻强识的老师，让充满求知欲的华罗庚非常敬仰。

华罗庚很爱去王维克家，和他一起讨论问题或者借阅书籍。而王维克也十分关心这个学生，总认为这个孩子以后会大有作为。就连王维克的夫人也极为喜爱这个学生，华罗庚每次到家里来，她都是热情款待。

有一天，华罗庚到王维克家借书，在书柜前漫无目的地翻看着，王维克见状，对他说：“知识是无边无

际的，就像大海一样，想要样样都掌握，精力不允许，最好是先集中精力钻研一种。做学问就好比挖井，只有认定目标，挖到深处，才能渗出清冽的泉水。如果漫无目的地东挖一锹，西挖一锹，是挖不出水的。做学问便是如此，朝三暮四、见异思迁的人是难有作为的。”在良师的循循善诱下，渐渐成熟的华罗庚在数学上更加努力了。

当华罗庚的数学能力远远超出初中教学的范围时，王维克常对他说：“你不必考这个试了，因为考你的问题别人做不出，考别人的问题又不值得你费时间去做。我给拟个论文题目，你回家去做吧，你的数学终归是100分，是第一。”就这样，在王维克的指导和鼓励下，华罗庚不断向数学更艰深的领域进发，逐渐展现出严密的逻辑推理能力和过人的学习能力。

有一次，王维克借给华罗庚一部美国的数学专著。他本以为华罗庚会钻研好一阵子，没想到华罗庚看了不到10天就还了回来。王维克不由得有些生气，批评华罗庚学习缺乏耐心，太过浮躁。可是，他接连提出几个问题，华罗庚都能对答如流。王维克十分震惊，觉得这个学生果然是数学天才！

天才也难免有骄傲的时候。一天放学后，华罗庚拿着一篇论文兴冲冲地找到王维克，得意扬扬地说这是他的新论文。王维克一看，文章竟然是对一个世界公认的、多年来未被解决的数学难题的解答。华罗庚本以为老师肯定会表扬自己，但是王维克却严肃地批评了他。

原来，华罗庚一心想要解决这个问题，所用的方法和定理表面上看虽然没有问题，实际上却经不起推敲。华罗庚认真听完老师的分析后恍然大悟，虚心地承认自己错了。王维克语重心长地说："数学的门类有很多，你最好选择其中的一两种而专攻之，掘九井而不得泉，不如掘一井好！我希望你不要急于求成，更不要灰心，要有坚韧不拔的毅力，用智慧和汗水去铸造钥匙，争取有一日把这些锁打开。"这段话深深地印在了华罗庚的心里。在以后的学术研究中，他一直坚持专心、谨慎的态度。

可惜王维克在金坛中学只教了一年书就去法国留学了，而华罗庚也即将毕业。但是，这对师生的亲密关系却一直延续到了校园之外。很多年后，学生的成就已经远远超过了老师，但是华罗庚仍然感激王维克对自己的培育之恩。

短暂的上海求学路

1925 年，华罗庚以班级第二名的成绩从金坛中学毕业。作为家中独子，他获得了姐姐所没有的学习机会，但是这个贫苦的家庭已无法支持他继续求学了。

面对初中毕业之后不得不辍学的现实，华罗庚恳求父亲：“阿爸，我初中毕了业，想考高中继续念书。”

华老祥一脸愁容地解释道：“儿子，不是阿爸不让你继续念，念了高中就得念大学，咱们这个小门小户的买卖人家，哪里供得起啊！”

母亲心疼儿子，就在旁边帮着说服华老祥让儿子继续念书。姐姐华莲青也哀求父亲：“阿爸，我可以多做手工贴补家用。弟弟头脑灵敏，学习又用功，就让他再念几年书吧！”

华老祥何尝不想让儿子通过读书找到更好的出路，但是，家中的状况着实力不从心啊。

恰在这时，一个亲戚给华老祥带来了好消息：黄炎培在上海创办了一所中华职业学校，招收寒门子弟进行职业训练，培养实用人才。为了尽早出来工作，以减轻家里的负担，华罗庚报考了上海中华职业学校学习会计。虽然困难重重，但华老祥还是送儿子去了上海。

进入中华职业学校学习会计后，华罗庚在数学方面有了很大的突破，他独有的方法——“直接法”在这一时期已经有了雏形，这也是华氏数学的独特风格所在。所谓“直接法”，就是用尽量简单初学的数学工具及单刀直入的方法来处理数学中的一些重要问题。

在上海的这段日子有很多值得回忆的事情。华罗庚曾在上海市珠算比赛中夺得第一名，也可以说是中国第一届数学竞赛冠军。

当时参加珠算比赛的大多是经验丰富的银行职员或钱庄伙计，算盘对他们来说再熟悉不过了。华罗庚虽然在家里也经常用算盘帮父亲结算小店的账目，但是无法和业务熟练的专业人员相比。于是，华罗庚就在自己最擅长的数学方法上寻找机会。经过分析传统的珠算方法，他发现珠算的加减法很难再加以简化，但乘法和除法却可以，可以化为逐步相减来做，从而大大节省时间。正是这个小小的方法，使华罗庚在比赛中以高出别人数倍的计算速度获得胜利。

在上海中华职业学校，华罗庚同样遇到了一位对自己影响很大的老师，他就是华罗庚的英文老师邹韬奋。邹韬奋是有名的记者、出版家和政治家，这位名人也有自己独特的教育方法。

邹韬奋上课时喜欢采用“罚站教学法”。他经常向学生们提问，第一次答不出来就在座位上罚站，第二次再答不出来就要到讲台上罚站，如果第三次还是答不出来，就只能在教室前面面壁罚站了。这种巧用学生心理的方法让学生们极为不安，每次上英语课，大家都提前准备，而且格外紧张。不过这个方法非常有效，学生们都特别勤奋，包括在座位上罚站过一次的华罗庚。毕业时，华罗庚的英文成绩是全班第二名。

后来，华罗庚教书时也采用过“罚站”的教学方法。他对学生们说：“当你站在黑板前时，一定会把不明白的东西弄清楚，而且这些道理会深深地印在你的脑子里。”

在中华职业学校求学的日子有苦也有乐，但华罗庚也渐渐意识到，他在这里并不能学到更多的知识。就在这时，父亲来信告诉他，家里的杂货铺生意更加惨淡了，实在拿不出下学期的学费。

华罗庚明白，这次自己真的要辍学了，他没有犹豫便办理了退学。由于还剩一个学期没有读，他未能拿到毕业证书，就这样回到金坛，开始帮助父亲打理“乾生泰”的生意。

华罗庚少年时代接受的较为正规的教育就此结束。但是，浅尝数学奥妙的华罗庚从未停止学习，他在父亲的小杂货店中继续努力，钻研自己热爱的数学。他不曾抱怨，也不曾放弃，凭着一个后来为很多人瞧不起的初中文凭，朝着心中的数学殿堂昂然前行。

无论是挫折还是困境，他都能够通过自己的努力和奋斗迈过一道道坎，最终走出困境。正如他后来所说：“只有勤奋努力才能打败所有的困难，也只有勤奋努力才能取得所有的胜利！”

后来，华罗庚写过一本书，即《从孙子的“神奇妙算”谈起》。这本书是专为青少年写的，他在序言中写下这样一首诗：

神奇妙算古名词，师承前人沿用之。

神奇化易是坦道，易化神奇不足提。
妙算还从拙中来，愚公智叟两分开。
积久方显愚公智，发白才知智叟呆。
埋头苦干是第一，熟练生出百巧来。
勤能补拙是良训，一分辛劳一分才。

这首诗不仅是华罗庚对自己求学、研究之路的回顾，更是对青少年的谆谆教诲。他对勤奋和努力的推崇，值得后人深思和学习。

刻苦自学的“罗呆子”

1927年，结束在上海中华职业学校的学业后，华罗庚回到了金坛。此后，这个在求学道路上历经坎坷的少年，开始为生计奔波忙碌。

当他背着简单的行李回到家时，脸上满是掩饰不住的沮丧神情。“怎么办呢？难道就这样平庸地过一辈子吗？”他在心里反复问自己。华老祥见儿子一脸愁苦，趁机说道：“我老了，不中用了，你回来得正好，往后你就守着这个店，不要再胡思乱想，到处求什么学了，咱们这鸡窝里怎么会飞出金凤凰呢！”

对华老祥来说，儿子长大成人，可以帮他挑起这个家的重担了。他想劝儿子安分守己，守着这个小家安稳度日，可他又怎么能理解华罗庚心中的抱负呢？

自从华罗庚按照父亲的期望开始照看“乾生泰”小店之后，华老祥便不再过问店里的事情，每天到附近的一家小茶馆喝茶聊天，和街坊邻居唠唠家常，打发时间。

每天早晨天还没亮，华罗庚就默默起床，把店里的门板一块块卸下来，准备迎接客人。早晨的街道上行人稀少，店里的生意更是冷清，但华罗庚还是一丝不苟地扫地、擦桌子、抹柜台、摆东西，然后静静地等着顾客上门。

后来回忆起这段往事，华罗庚不无伤感地说：“那正是我应当受教育的年月，但是一个‘穷’字剥夺了我的梦想。在西北风口上，擦着清水鼻涕，一双草鞋一支烟，一把灯草一根针地为了活命而挣扎。”

豆腐坊

当时，华罗庚每天看店，晚上要守到七八点。打烊以后，他开始结算一天的收支，这些账目对他来说十分简单，10 分钟不到就能算得清清楚楚。

这段时间，他也没有停止对数学的热爱，想到王维克等老师对他寄予的厚望，他决心不向命运屈服。当时他手上只有 3 本数学书，这还是他从王维克那里借来的。但就是凭着这 3 本书，他开始了艰难的自学之路。

白天在小店里站柜台的时候，华罗庚总是利用没有顾客的间隙抓紧看书。由于生意冷清，他有了很多空闲，但是一家人的生活毕竟还需要靠这门生意来维持，因此他也常常感到矛盾。

开店的日子，华罗庚总是能看到很多儿时的伙伴从小店门前经过，他们有的上了大学，有的找了份好工作，都已不再为生活发愁。华罗庚很羡慕这些朋友，但并不是羡慕他们多富有，而是羡慕他们可以做自己想做的事。华罗庚不断地安慰自己，以后生活一定会好起来的。他看看手里的数学书，顿时又充满了信心。

冬天的小店里寒风穿堂而过，华罗庚被冻得直流鼻涕，他缩着手，从货架上为顾客拿下一件件商品，等他们满意地走后，又埋头研究数学。没有老师，他遇到问题就自己想办法，问题总能被解决；没有纸，他就用店里卖棉花的包装纸来演算、记录。一个个数学难题被他攻克，而邻居们眼里的“罗呆子”更呆了，有时候算题入了迷，一不小心就过了打烊的时间，空荡荡的街上只剩下“乾生泰”的店里还闪着烛光，而专心演算的华罗庚竟丝毫没有察觉。

晚上小店关门之后是华罗庚最开心的时候，因为他迎来了自由学习的时间。他收拾好小店，吃点东西填饱肚子，就打开数学书继续钻研。他那个用木板搭成的小卧室里，只有一张板床、一盏小油灯和几本书。

小木板房实在太简陋了，既避不了寒也消不了暑。冬天，华罗庚蜷缩在这个四面透风的屋子里，冻得瑟瑟发抖，有时即便盖着薄被，双脚还是会被冻僵，他只能用手搓一搓；夏天，这个小屋就像蒸笼一样，一点也不透气，衣服经常被汗水湿透。即使条件如此艰苦，华罗庚仍坚持演算、思考，寒冬酷暑都不能磨灭他学习的热情。

就是这样，在失学的日子里，华罗庚每天坚持自学十几个小时，一年 365 天从未间断。困极了他就蜷着身子睡上一会儿，就连睡觉做梦，他都会突然想到一道题目的解决方法，立马兴奋地爬起来，把演算过程写下来，又全身心地投入学习之中。

华罗庚家在清河桥东，这里是县城最热闹的地方，有很多店铺。华罗庚家对面就有几家豆腐店和布店，由于做豆腐的工序复杂，每天天还没亮，豆腐店的主人就早早起来准备。可是无论起多早，他们总能看到对面华家的灯光已经亮起，灯光下正是勤奋的华罗庚在埋头苦读。布店的人也经常看见华罗庚坐在柜台后面，聚精会神地读书，手里还拿着笔，不时地涂写，无论街面上多么热闹，都无法吸引他的目光。

华罗庚看店时总是心不在焉，不管什么时候见到他，他都在入迷地演算数学问题。有时顾客来买东西，他也顾不上招呼；有时顾客要买棉花，他递过去一团灯草；有时顾客来买烟，他拿出一盒火柴，看都不看就递给顾客……

有一次，华罗庚正在聚精会神地演算题目，一位顾客来买东西，他算账的时候心不在焉，竟然多找给对方一块银圆！对于穷困的华家来说，一块银圆够他们开支好长时间了。华罗庚反应过来的时候，顾客早已走远，他只好硬着头皮跟父亲说了实话，华老祥一听差点昏过去，拍着他的背喊道：“说你呆你还真是个呆子，愣在这里干什么，赶紧追去啊！”华罗庚急忙去追，可是哪里还追得上呢？白白损失了一块银圆，华老祥痛骂了一顿华罗庚，华罗庚低着头不说话，心里仍然思考着还没解出来的数学题……

算账算出父亲的谅解

自从华罗庚因为学习入迷而多找一块银圆以后，华老祥就下定决心不再让华罗庚继续看书了。只要看到儿子在看书，他就上去抢夺，夺过来二话不说就烧。华罗庚用来演算的草稿纸，也被撕得七零八落，或者被直接扔到街上。每次遇到这种情况，华罗庚就和父亲抢夺那些草稿纸，有时甚至因为父亲毁了它们，急得边跺脚边落泪。没办法，华罗庚只能把书藏在非常隐秘的地方。为了不被发现，他只在父亲不在店里的时候，才敢拿出书来读一读，但他每次一读书就会入迷，根本不知道父亲回来了，所以小店里总是吵闹声不断。

面对痴迷的儿子，华老祥总是感到无可奈何，但后来发生了两件事，使华老祥渐渐改变对儿子的看法，不再干涉儿子读书了。

有一天，华老祥在茶馆喝茶时突然掉了一颗牙。在当地，“牙齿”的发音与“儿子”相似，这让华老祥有些担忧。回家后，他对妻子说：“我今天突然掉了一颗牙，这不是什么好兆头，难道咱家罗罗会出什么事？”华罗庚的母亲含着泪说：“你整天烧他的书，吓唬他，孩子现在跟惊弓之鸟一样。万一哪天他有个三长两短，往后的日子也没法过了！”华老祥终于妥协，答应妻子以后不再烧儿子的书。

另一件事发生在收蚕丝的季节。一天，华罗庚跟着父亲到金坛的茧场去给人盘点蚕茧。父子俩到现场一看，白花花的蚕茧堆满了整个院子。他们一盘盘地称量这些蚕茧，足足干了一天一夜，累得华罗庚腰酸背痛，倒头睡在了蚕场里。迷迷糊糊中，他被吵醒了，睁眼一看，屋子里有很多人在吵闹。他急忙问父亲出了什么事，华老祥一脸愁容地说道：“账目对不上，差了1000多银圆呢，我们怎么赔得起啊！”

这时，蚕场的老板让大家先去吃饭，吃完再慢慢算这笔账。华罗庚没有去吃饭，而是说服老板让他看一遍账本。等大家吃完饭回来，华罗庚正好把账本合上，说：“账目已经算好了，一分钱不差！”蚕场老板不相信，又仔细地重新算了一遍，果然和华罗庚说的一模一样。大家惊奇地说：“没想到罗呆子竟然是个活算盘啊！以后再遇到这种事，还得找你啊！”听着大家由衷的称赞，华罗庚不好意思地挠挠头笑了。

站在一旁的华老祥见状，心里像打翻了蜜罐一样甜，原来儿子读了那么多“天书”确实有用啊！想到自己曾经那么严厉地阻挠儿子读书，还烧了他很多珍贵的草稿纸，心里一阵内疚，决定不再阻止儿子自学了。

就这样，华罗庚又可以自由地学习数学了。对他来说，自学数学是一条艰难的道路，这条路到底通向何方，连他自己也不知道。但是凭着一腔热血和一种信念，他坚毅地在这条路上走着，一步一步踏实地往前走。在此过程中，他明白了学习是一个积累的过程，是把书上的知识化为自己智慧的过程。他花了 5 年时间和数不清的心血及汗水，一点点地完成了高中数学和大学初级数学的全部课程，为后来独立研究数学问题打下了坚实的基础。

后来华罗庚在回忆时说，学习就像爬梯子，必须一步步地费力爬才能进步，想要一步登天，必然会摔跟头。

第二章

走出杂货铺的数学青年

大家七嘴八舌地议论着：“瞧，这就是华家的儿子呀，年纪轻轻的，怎么变成了这个样子，以后的日子该怎么过呀！”华罗庚听着街坊四邻的议论声，强忍着泪水往前走。

品尝人生第一苦

1927 年，华罗庚 17 岁，俗话说男大当婚，女大当嫁，在那个时代，华罗庚已经到了该结婚的年龄。父亲为他选了一位门当户对的妻子吴筱元。这位新娘子曾就读于金坛成中女子小学，是华罗庚姐姐华莲青的同班同学。他们的婚姻属于包办婚姻，结婚之前两人并不相识，但是他们仍然相爱相守了一生。

华罗庚结婚两年后，恩师王维克从上海中国公学辞职，回到金坛，担任金坛中学的校长。上任后，王维克发现学校的一名会计、一名庶务员和一名事务主任玩忽职守，便将他们解雇了，然后让华罗庚来担任会计兼庶务员。这样一来，华罗庚不仅有了一份比较安稳的工作，而且有了更多的机会学习。

当时的金坛中学非常小，只有 3 个班，两间屋子充当教室，初二和初三合并在一起上课。教员们总是先给初三的学生上半节课，再给初二的学生上半节课。华罗庚除了负责打铃、打扫卫生、发放教学用品外，还负责记账、领款、发款、核算成绩单等。他每月的工资为 18 块银圆，这对贫困的华家无疑是雪中送炭。

华罗庚在金坛中学勤恳、认真地工作，空余时间则努力学习。每当遇到难题，他就向王维克请教，并一起讨论。这种能够自由学习的生活是华罗庚之前梦寐以求的，如今梦想实现，他就更加如饥似渴地学习。

可美好的生活总是短暂，华罗庚刚品尝到一丝自由学习的乐趣，华家就跌入了悲伤的深渊。先是华罗庚的母亲因积劳成疾去世，后来一场瘟疫肆虐金坛县城，人们病的病、死的死，古朴祥和的金坛一下子笼罩在愁云惨雾里。华罗庚这次也没能幸免，他人生中第一场劫难悄然降临了。

这天，华罗庚从学校回到家里，和往常一样吃了晚饭后便捧起书，不料没一会儿就浑身发冷，倒在了床上。

吴筱元见丈夫这副模样，连忙过来用手摸了摸丈夫的额头，没想到额头竟像烧红的铁块一样烫手，此时华罗庚已逐渐失去了意识，全家人随即乱作一团。

金坛没有医术高超的医生，他们只能花钱到苏州去请。当时到大城市请一次大夫要花 4 块银圆，为了救华罗庚，家人几乎当掉了所有值钱的东西。吴筱元甚至连结婚时的嫁妆也一并送到了当铺。但是重病的华罗庚仍然昏昏沉沉地躺在病床上，气息微弱，生机渺茫。眼看华罗庚的病不见起色，华老祥和华莲青的心情跌入了谷底。

吴筱元却坚信华罗庚会好起来，她每天尽心照顾丈夫。为了更细致地照顾华罗庚，她把刚出生的女儿送到母亲那里，请母亲帮忙照看。请来的医生手足无措时，她就另请一个，生活开始在当铺、药铺和病床之间重复，仅有的一点嫁妆都被典当光了。她每天煎药熬汤，为家中事情奔波忙碌。

日子一天天过去，华罗庚始终躺在病床上，意识模糊。有一天，他隐约听到了王维克老师熟悉的声音。

“王老师，您还是回去吧，小心传染。”吴筱元的声音里充满了感激和关切。

“没事的，你不也在这儿照顾他吗？罗庚怎么样

囍 囍

了？”王维克不无担心地问道。

原来是王维克来探望华罗庚，他非常关心这个同事和学生，多次前来看望，竭尽所能地帮助华罗庚的家人解决困难。后来，王维克也不幸被传染，卧床不起。华家人因此十分愧疚。

华罗庚在病床上躺了足足有半年之久，在这个艰难的过程中，吴筱元始终不离不弃地照顾他。由于久卧在床，华罗庚的身上长了褥疮。吴筱元先给他敷药，等到伤口结痂，再用小刀小心翼翼地削下来。在她无微不至的照料下，华罗庚的病逐渐好转。

数学之路再启程

寒冬终于过去，春意慢慢在金坛的土地上苏醒过来，从鬼门关前挣扎回来的华罗庚终于可以下床活动了。可是，残酷的现实还是给了他重重的一击。他刚刚下床，就因为双腿无法支撑身体而跪倒在床边。随即，他绝望地发现自己的腿竟然不听使唤了！

原来，在他生病期间，由于病菌侵入了关节，造成左腿关节粘连变形，年纪轻轻的华罗庚变成了一个残疾人。看到丈夫痛苦的模样，吴筱元只能忍着悲痛安慰他：“没关系，保住命就是最幸运的事。咱们准备一个拐杖，拄着它照样能走路！”从此，华罗庚走起路来总是左腿先划一个小圈，右腿再迈出一小步。有人看到他走路的模样，还嘲笑他是“圆规和直线”。

起初，华罗庚一走到街上，人们便纷纷投来异样的目光。大家七嘴八舌地议论着：“瞧，这就是华家的儿子呀，年纪轻轻的，怎么变成了这个样子，以后的日子该怎么过呀！”华罗庚听着街坊四邻的议论声，强忍着泪水往前走。

对于自己身体上的残疾，华罗庚由最初的痛苦到慢慢接受，再后来还不时地调侃几句。有一次他去同乡家做客，进门就高喊：“班船来喽！”“班船”是金坛人对送信送货的小船的戏称。当时送信送货的人都会摇着橹，驾着一只小船从城中的河里经过，由于船很小，前行时船会左右摇摆不定。华罗庚用“班船”来形容自己走路的模样，引得在场之人哈哈大笑。华罗庚对自己“肢体问题”的乐观和豁然让周围充满了欢乐，人们不再用特殊的眼光看待他，他又变回那个让人喜欢的“罗罗”。

那个时候，一个正常人都很难找到工作，更别提他这个不能做体力劳动的残疾人了。无奈之下，他想去看看金坛中学的工作还能不能继续做下去。

王维克知道华罗庚的来意后，不仅欢迎他继续做原来的工作，还委派他教初一补习班的数学。但这样却招来了学校里一些老师的嫉恨。因此，华罗庚在金坛中学补习班教了一年书后，就有人把王维克告到教育局，说他任用“不合格”的老师，教育局局长下令免去了华罗庚补习班教员的职务。王维克一怒之下辞职离开金坛中学，到湖南大学教书去了。

当时，会计跟着校长走，校长若是辞职离开，会计也应找个理由随行而去。因此，华罗庚再次面临失业危机。幸运的是，继任校长是金坛中学的老校长韩大受。他一向很器重华罗庚，于是就让华罗庚留下来继续做会计：“若是别人做校长，大概会带会计来，我就不带了，你继续干吧。不过书是万万不能再教了，前一任校长就是因为让你教课才被告的。”

不管怎样，生活重新有了着落。只要生活还过得去，华罗庚就有机会继续钻研数学。“我要用健全的头脑，补足不健全的双腿！”这是他对自己许下的誓言，也是在向命运宣告他不屈服。就这样，华罗庚在金坛中学一边工作一边钻研数学，生活暂时稳定了下来。

数学界的后起之秀

华罗庚生病期间总是惦记着一件事，清醒时便问妻子:“上海那边有回信了吗？”原来,华罗庚向上海《科学》杂志投了一篇论文。在这篇论文中，华罗庚尝试发表自己对于数学重大问题的看法。投稿之后，他翘首盼望杂志社的回信，毕竟只有将论文发表在有影响力的杂志上，能力才会得到认可和肯定。事实证明，他的第一次尝试成功了，论文被发表在1929年12月的《科学》杂志上。

有了这次的鼓励，华罗庚想尝试发表第二篇论文。原来有一个数学定理，在100年前便被证明无解，后来有一位数学家苏家驹宣称找到了破解这个定理的方法，他的论文发表之后，在数学界引起了巨大震动。对于苏家驹的方法，人们纷纷讨论到底正不正确。很多人赞同这种方法，但有些人也看出了其中的破绽，只是没有人公开发表反对意见，所以很长一段时间，苏家驹的观点几乎得到了人们的默认。

作为一个执着于追求数学真理的人，华罗庚知道对于研究数学的人来说，一个不完美的方法或者是有问题的方法，总是存在漏洞，经不起仔细推敲。但他又觉得，自己只是一个无名之辈，怎能不自量力地去反驳一位大名鼎鼎的教授呢？他带着心中的顾虑，去征求王维克的意见。王维克鼓励他说："你当然可以发表自己的看法，人非圣贤，孰能无过。况且，你只是提出不同的学术意见，就数学问题进行探讨。不经过反复论证，真理将永远被掩盖。"于是，不足20岁的华罗庚鼓起勇气，决心公布自己的观点。

华罗庚整理好思路后，撰写了一篇题为《苏家驹之代数的五次方程式解法不能成立之理由》的论文，发表在1930年12月出版的《科学》杂志第15卷第2期上。不赞同苏家驹立论的人看到华罗庚这篇文章后，仿佛遇到了知己，很快产生了共鸣，同时也记住了"华罗庚"这个名字。

华罗庚在数学界的初露锋芒是水到渠成的必然结果。持续5年多的自学历程，使华罗庚掌握了丰富的数学知识，这些知识已经远远超出了普通的数学课程。正如华罗庚所说，自学的经历给了他更多研究上的自由和选择，也使他养成了自己探索问题、解决问题的习惯。

从杂货铺到清华园

当时，发表华罗庚论文的《科学》杂志是熊庆来、竺可桢等人成立的，主要刊登一些具有重大科学意义的论文。华罗庚生病之前，就向《科学》杂志投过一篇论文，之后又陆续投寄很多论文。正是这些论文，将华罗庚与素不相识的熊庆来联系在一起，也为他困窘的生活打开了一扇窗，让明媚的阳光照亮了他未来的人生。

1930年的一天，熊庆来在新印制的《科学》杂志上看到了华罗庚发表的论文，深深地为华罗庚严密的推演能力和扎实的论证过程所折服。他认为华罗庚一定是个大有前途的人，急忙找来杂志编辑打听这篇文章的作者到底是个什么人。编辑们也都被这篇文章震撼了，以为只有大学生或者留学生才能有这样的见解与学识。因此，大家都猜测华罗庚可能在某所大学教书，因为他的论文水平已经远远超过了一些大学教授。

熊庆来不愿只是读一读华罗庚的文章，他一心想要看看华罗庚究竟是个怎样的人物，想与其继续研讨数学。熊庆来认真调查了一番，并没有在各个大学的教授名单里找到华罗庚的名字。“到底是个怎样的人呢？肯定不会是凡夫俗子！”熊庆来下定决心要找到华罗庚。

巧合的是，当时清华大学数学系的助教唐培经是华罗庚的同乡，他得知熊庆来在找华罗庚，就找到熊庆来说：“华罗庚是我弟弟的同学，初中没毕业就辍学了，后来在金坛中学当会计。”所有人听了都非常震惊。

“那他现在在哪儿？”熊庆来急忙问道。

“应该还在金坛中学当会计。”

打听到华罗庚坎坷的人生经历后，熊庆来决定帮助华罗庚。他亲自找学校相关人员协商，向他们讲述了华罗庚的天才智慧和坎坷命运，希望校方允许华罗庚到清华大学来工作。为了让校方答应，熊庆来甚至在校委会上说出了“不聘华罗庚，我就走”的话。

清华大学校方一向尊重熊庆来，知道他爱才、惜才，曾培养了许多有前途的青年，最终答应了他的请求，接受华罗庚到清华大学工作。熊庆来高兴地把这件事告诉唐培经，让他回去休假时代自己向华罗庚问好的同时，询问华罗庚愿不愿意来清华大学工作，如果愿意，就请他来当助教。

那年暑假，唐培经回到金坛，向华罗庚讲述了事情的前因后果，并转达了熊庆来的问候和心意。华罗庚激动得热泪盈眶，一口答应下来，并不住地向熊庆来和这位同乡表示感谢。

熊庆来这个名字对华罗庚来说并不陌生。他已经精读了很多篇熊庆来在数学方面的论文，深深拜服这位数学大师的智慧，但他从来没想过自己能与大师结识，更别提得到大师的青睐了。这个消息对他来说简直是喜从天降，他无论如何也想不到，中国数学界的先驱竟会如此爱惜他这个穷乡僻壤里的普通青年！他无比感激，也信心百倍，他想，自己人生新的一页就要翻开了！然而，大病初愈的他穷困潦倒，根本凑不齐从金坛到北平的路费。

远在北平的熊庆来并不知道华罗庚的具体情况，对

华罗庚是否接受助教这个职位也没有把握。他求才若渴，于是又亲自写了封信寄往金坛。

华罗庚收到信后，被彻底感动了。熊庆来在信的开头以“华先生”称呼华罗庚，他还从未听过这样的尊称，这使他对熊教授产生了由衷的敬仰。信中洋溢着熊庆来的急切盼望：“假如你因种种原因不能到清华来，我将专程赴金坛拜访你！”

华罗庚读完信就下定决心要去清华大学，他嘱咐妻子留在家中照顾家人。华老祥也极力支持儿子，他没想到被邻人谑称为“呆子”的儿子竟遇贵人相助，可以走出金坛，到北平去工作。扬眉吐气之余，华老祥东拼西凑地筹齐路费，把儿子送上了远去北平的列车。

这一次，华罗庚告别亲人，告别故乡，也告别了那个一直在数学边缘游走的自己。他的内心无比激动与自豪。几天后的一个早晨，华罗庚抵达北平，熊庆来早已经派人在车站等候。华罗庚看到有人举着一张照片在人群里四处张望，心想大概是来接自己的人，便一瘸一拐地走到那人面前。

就这样，轻装北上的华罗庚一瘸一拐地走进了梦寐以求的清华园。那一年，他只有 20 岁。

第三章

初中文凭的清华老师

华罗庚的努力被熊庆来及数学系的一众教员看在眼里。进入清华大学后，他仅用一年半的时间，读完了数学系的所有课程，还自学了英文、德文和法文。

清华图书馆员

1930 年，20 岁的华罗庚出现在清华大学校园里。熊庆来见到年轻的华罗庚时不禁大吃一惊，同时也更加佩服他艰难自学的精神。可是华罗庚只有初中文凭，而清华大学的助教必须要有大学文凭。初来乍到的华罗庚还没有得到大家的普遍认可，所以学校还不能破格让他担任助教。

熊庆来经过慎重考虑，决定先把华罗庚安排在图书馆做助理工作，每个月薪金 40 银圆。熊庆来觉得这有些委屈华罗庚，但是华罗庚对于这个安排却十分知足。跟以前在金坛相比，他不仅能在充满知识的环境里工作，还能根据自己的爱好听课读书，别提有多兴奋了！

从此，华罗庚一边在清华大学图书馆里兢兢业业地工作，一边去旁听自己倾慕已久的教授的课程，生活过得极为充实，而他的进步也是显而易见的。从这一点来看，华罗庚是幸运的，尽管20岁前经历了那么多的磨难，但对数学和知识的坚韧求索终于引领他迎接光明的未来。

在清华大学，最让华罗庚激动的是，他可以自由地阅读各种书籍。很多在家乡根本看不到的专业书籍，在这里，他可以尽情地从中汲取滋养。

有一次，他很腼腆地问熊庆来：“熊先生，我可以旁听您的高等数学分析吗？”他本以为熊庆来会直接答应，没想到熊庆来却说：“你还是按部就班地从头学起吧，先去听听初级课程，争取通过大学考试，不然基础不牢固，将来不好办啊！”

熊庆来认为，华罗庚多年来一直在家自学，接触范围有限，对高等数学缺乏认知，而且他的初中文凭也不利于今后的发展。后来华罗庚回忆说：“当时解析几何对我来说太浅显了，即使是熊先生的分析班，我也可以听懂。”有人问他当时的数学水平达到了什么程度，他说：

“有些问题已经达到数学系三、四年级的程度，有些地方则还差一点。”

最后，华罗庚选择了另一种更适合自己的学习方式，那就是扎根图书馆。清华大学图书馆中丰富的专业藏书，让视书为珍宝的华罗庚异常兴奋。他在数学的世界里徜徉，贪婪地汲取知识的营养，每天只睡四五个小时，几乎把所有的精力都投入学习之中，不知疲倦，废寝忘食。

不到一个月，熊庆来发现华罗庚已经没有必要去听解析几何与微积分课了，而且对算学分析也掌握得不错。于是，熊庆来便同意华罗庚到自己的算学分析班来听课。不仅如此，每次备课遇到疑难问题或者做不出题目时，熊庆来还会与华罗庚讨论。熊庆来的著作《高等算学分析》也有华罗庚的功劳。

在清华大学，华罗庚的自学能力得到了进一步锻炼。有那么多想看的书和那么多还没有掌握的知识，他每天都督促自己要更加有效地安排时间。他深知，对于他这样出身普通又只有初中文凭的年轻人来说，没有什么特殊理由让清华大学始终收留自己，唯有不断学习，不断进步，做出更加卓越的成绩，才能踏实地留在这里，实

现自己的梦想。

白天没有学够，他就在晚上接着学，甚至摸索出了一种在没有灯的夜晚看书方法。原来，每天晚上熄灯前，华罗庚都会看一道书上的题目，然后开始思考如何解决它，他边想边记，脑子里便充满了数学公式和解题步骤。觉得算对了，他就等到次日天亮后，赶紧对照书上的答案；感觉算错了或者算不下去时，他就起来再打开灯，翻看书本的解题步骤。就这样，他不分昼夜地思考和学习，一本书别人常常要看半个月，而他用这种方法不出三天就看完了。

华罗庚所取得的巨大进步，让熊庆来十分欣慰。在综合考量后，他决定向学校提议让华罗庚担任助教，使他在教学过程中精进对数学的研究。

“半个助理”

华罗庚的努力被熊庆来及数学系的一众教员看在眼里。进入清华大学后，他仅用一年半的时间，读完了数学系的所有课程，还自学了英文、德文和法文。

1933 年，清华大学校方开始重新考虑华罗庚的职位问题，破例将他提拔为助教。

这个决定看似简单，却意味着清华大学对华罗庚数学成就的认可，这在清华大学的校史上也是少有的。从此，华罗庚以助教的身份站在了清华大学的讲台上。尽管他只有初中文凭，但是没有一个学生怀疑他的学识与能力，在他那深入浅出的讲解中，学生们看到了他对数学深刻的理解和执着的热爱。

被破格提升为助教，对华罗庚来讲只是身份有了改变，他在数学专业上不懈的努力钻研依然如故，甚至有增无减。在完成教学任务之余，他每天坚持学习 10 个小时以上，他的勤奋和认真受到了同事与学生的敬佩。

来清华大学之前，他的英文很差，但到 1934 年，他不仅能看英文的数学书，还可以用英文写论文发表。

清华大学人才济济，要在这么多人才中找到自己的一席之地，并非易事。华罗庚不仅研究成果斐然，而且与人相处也十分融洽。做助教时，他的办公地点就在熊庆来办公室外面，来找熊庆来的人都能见到他，并且渐渐与他熟悉起来，这使华罗庚结交了很多系里系外的朋友。他也非常活跃，凡是系里的学术讨论会议，总是第一时间参加。他逐渐打消人们对他的疑虑，成为系里的重要人物，大家都愿意和这个幽默、诚挚的人交谈。

当时的清华大学可谓青年人的天下，徐贤修也是华罗庚的至交之一。

1931 年的一天，徐贤修来到清华园，第一个交谈的人就是华罗庚，两人谈得颇为投机。徐贤修问道：“你是这里的教授？”

“不是。”华罗庚摇摇头。

徐贤修又问：“那你是这里的学生或研究生？”

“不是。”

“那你一定是管系务的先生吧！”

“也不是，我是这里的‘半个助理’。”

“‘半个助理’，此话怎讲？”徐贤修一头雾水地问道。

“大学毕业的当助教，高中毕业的当助理，我只是初中毕业，所以当半个助理。”华罗庚解释时，脸上带着轻松且自信的笑容，这深深地感染了徐贤修。同时，徐贤修对清华大学这样不拘一格，为才华出众的年轻人提供机会的做法也赞叹不已。后来，他经常找华罗庚交流，一起探讨数学问题，两人也成了很好的朋友。

在清华大学任职期间，华罗庚一直是独自一人，生活拮据。为此，熊庆来十分担心，怕华罗庚嫌清华大学薪水低，又不能和亲人生活在一起，从而回到金坛不肯回来。对此，华罗庚开玩笑地说：“他哪里知道，清华大学的待遇比金坛中学的优厚多了，清华大学对我来说是求之不得的。”

华罗庚坚持不懈、刻苦钻研、勤奋治学的精神，一直激励着清华园后来的青年才俊不断地在学术道路上开拓前行。

不要博士学位的东方人

1936 年，华罗庚得到中华文化教育基金每年 1200 美元的留学资助，被保送到英国剑桥大学进修。

当时的剑桥大学正处于学术争鸣的顶峰时期，久负盛名。世界各地的科学精英都慕名而来，在这里学习和研究。其中，和华罗庚最要好的就是美国数学家诺伯特·温纳。

1935 年，诺伯特·温纳曾应清华大学之邀前来讲学，华罗庚从那时起就结识了诺伯特·温纳。诺伯特·温纳很赏识才思敏捷的华罗庚，这种欣赏也让他格外关注这个跛足的年轻人。上课时，如果华罗庚的表情有些异样，比如咳嗽，诺伯特·温纳就会停下来询问是不是自己哪里讲错了。

华罗庚决定到剑桥大学进修后，诺伯特·温纳很热心地把他介绍给剑桥大学的数学教授哈代。哈代曾是诺伯特·温纳的老师，也是堆垒数论的新方法的创始人与开拓者，主要研究数论。诺伯特·温纳写信告诉哈代："华罗庚是中国的拉马努金（印度天才数学家）。"

华罗庚来到剑桥大学时，哈代恰好在美国访问。他在几年前就看过华罗庚的论文，对这个自学成才的中国学生有良好的印象。听说华罗庚来到剑桥大学后，哈代特地让海尔布伦传话给华罗庚："请告诉华先生，凡是从东方来的学生，都问我们多长时间能够获得学位。如果他愿意的话，可以在两年之内获得博士学位，而其他人通常要用三年时间才能得到。"哈代这番话既真切地表达了对华罗庚的欣赏，又间接说出了华罗庚在数学领域的天赋与能力。

拥有像剑桥大学这样世界知名学府的学位，无论是对个人生活，还是对学术研究，都有十分重要的作用，所有留学生都对学位格外看重。但是，华罗庚的回答却让哈代感到惊讶。华罗庚这样答复海尔布伦："很感谢哈代先生的厚意。不过麻烦您替我转告哈代先生，我是为了求学来到贵国，不是为了学位而来。你们只要允许我到贵校的图书馆里看看书，到教室听听课就可以了。我只有两年的研究时间，自然要多学一点东西，多写一些有意思的文章。念博士不免陷于繁文缛节，枉费许多时间。我不想念博士学位，只求做一个访问学者。”

海尔布伦惊喜地看着这位东方年轻人，说道：“不看重剑桥大学博士学位的，你还是第一个，我们无比欢迎你这样的访问者。”

就这样，华罗庚以访问学者的身份开始了在剑桥大学的求学生活。他不张扬，不卑不亢地吸收世界数学的先进知识，心里始终怀着那份为国争光的赤子情怀。

鲜为人知的是，华罗庚不拿博士学位还有一个原因，那就是当时攻读博士学位的学费高昂，国家补助的资金根本无法支撑。当然，华罗庚完全可以向清华大学基金申请更多补助，但是他没有这样做，认为自己有这样好的机会在英国学习和研究数学已经很幸运了，没有理由再给学校添麻烦。

华罗庚用实际行动证明了自己的耿介和谦虚，他对所有的人和事都心怀感激，从不吝惜自己的努力和奋斗。他竭尽全力向数学的高峰攀登，是为了发挥个人的价值，更是为了完成祖国赋予他的使命。

在剑桥大学的日子

华罗庚十分珍惜在剑桥大学的学习机会，优美的校园环境也为他提供了良好的学习场所。这里有很多数学方面的研究成果是国内接触不到的，所以他抓紧一切时间去吸收这些知识，每天废寝忘食地读书和写文章。

作为世界数学中心之一，剑桥大学在数学方面的长项是分析与解析数论。这里聚集了一批朝气蓬勃、才华横溢的青年数学家，对于华罗庚这个来自古老东方国家，谦逊、勤奋又聪明的青年，他们表示热烈的欢迎，并热情地给予帮助。在与他们交往的过程中，华罗庚极大地提高了自己的英语水平。

晚年回忆起这段生活时，华罗庚说："有人去英国，先补习补习英文，再听一门课，写上一篇文章，然后拿到一个学位，就算完了。我听了七八门课，记了一沓厚厚的笔记，回国之后又重新整理了一遍，慢慢消化。在剑桥大学时，我写了 10 多篇文章。”

华罗庚的执着和认真，很快就在剑桥大学传扬开来。他的这种精神不只是做学术时才有，还渗透到他日常生活的方方面面。著名导演黄佐临就曾回忆道：“当时也在英国，我和华罗庚是同学。他要学习骑自行车，还要我帮忙扶住车子才行，想想该有多么艰难，他居然就学成功了！”

可能很多人会说，骑自行车有什么难的？但华罗庚是个腿有残疾、连走路都很不方便的人，骑自行车对他来说实非易事。华罗庚也曾笑着回忆这段经历：“我坐上自行车，请人一推，骑着就往前跑。”华罗庚之所以产生学骑自行车的念头，还是因为同学们常常在周末骑车外出聚会游玩，而华罗庚不会骑自行车，引来了同学们的嘲笑。他下决心一定要学会骑车才行。最终，他果然坚持了下来，学会了骑自行车。

访学时，华罗庚主要从事数论方面的研究。他在剑桥大学参加了一个研究小组，这个研究小组由很多著名的数论学家组成，组员都是世界上赫赫有名的数学家，在世界数学领域各有千秋。

数学上有个著名的课题叫“华林问题”，这也是当

时华罗庚所做研究中最艰深的一个问题，而与其相联系的，便是世界上非常著名的“哥德巴赫猜想”。华罗庚在“华林问题”和“哥德巴赫猜想”上所做出的研究成果，几乎囊括了这些顶级数学家的所有研究课题，在数学研究小组引起了极大的震动。尤其是令数学家们望而却步、不敢近前的“三角和”问题，华罗庚只用了一年时间就解决了，还在伦敦数学刊物上发表论文《论高斯的完整三角和估计问题》，在当时的数学界引起了强烈反响。人们都在讨论这个来自东方的年轻人，究竟有多少智慧和潜能。

不得不说，华罗庚在剑桥大学的两年时间里所取得的成绩是傲人的。他用短短两年时间，先后在英国、美国、苏联、印度、法国、德国的刊物上共发表18篇论文。他的这些成绩已经远远超过了获取学位的要求，真正成了专心做学问的访问学者。

两年的时间转瞬即逝，1938年，华罗庚决定返回祖国。

离开剑桥大学前，华罗庚与老师哈代告别。两人一起回顾了两年的研究成果，哈代既欣慰又兴奋地说：“我与赖特正在写一本书，你的一些成果应该写进书里去。”

哈代与赖特合著的书是《数论入门》，这本书使华罗庚成为现代最早被外国数学家引用研究结果的中国数学家。

与此同时，华罗庚在剑桥大学所取得的成就传到中国，也得到了国内科学界和教育界的一致认可。过去的非议已经没有丝毫意义，华罗庚用闪亮的成绩单证明了自己的实力。尽管他只有初中文凭，尽管他没有拿到剑桥大学的博士学位，但是任何人都不再怀疑他在中国数学领域的成就与地位。

第四章 在西南联大的苦与乐

在西南联大的那些日子，华罗庚每天晚上都在小煤油灯下痴迷地钻研，陪在他身边的是做功课的孩子们，还有做针线活的妻子。

“越教越瘦”的华教授

1937 年 7 月，日本帝国主义发动了对中国的全面侵略战争。为了保存中华民族的文化精华，让教育资源和人才免受战火摧残，华北和沿海很多大城市的高等学府纷纷内迁，当时作为大后方的西南成了很多高校的落脚地。

抗战以来，先后迁入云南境内的高校有 10 余所，其中最著名的就是由清华大学、北京大学、南开大学联合创立的国立西南联合大学，简称西南联大。华罗庚结束在英国剑桥大学的学习后，接受了西南联大的聘请，准备奔赴这片在战火中自强不息的精神家园。

1938 年，华罗庚从英国乘船抵达香港，再乘飞机来到昆明。

华罗庚出国前还只是助教的身份，此次回国后，学校越过讲师和副教授，破格升他为教授。从此，华罗庚就以教授的身份站在讲台上，为渴望知识的学生传播他的研究成果，影响和他一样热爱数学的年轻人。

在昆明，华罗庚终于能与阔别许久的妻儿和姐姐团圆，他们在距离西南联大不远的青云街租下一所房子，暂时安顿下来。

此后，在西南边陲这片土地上，华罗庚一家开始了一段异常艰难的生活，这一时期也被华罗庚称为自己生命中的“第二劫难”。

由于战争阻断了很多资源的供应，昆明物价飞涨，西南联大的教授们只得想尽办法维持生计。很多教授隐姓埋名，到社会上找工作以补贴家用，有的就到当地中学去教书。由此，教授们调侃自己是“教授教授，越教越瘦”。而华罗庚家里人口众多，生活更为困难。熊庆来曾邀请华罗庚到云南大学兼职上课，但华罗庚为了有更多时间研究数学，婉言谢绝了。于是，熊庆来就让云南大学的学生王洪升每个星期到华家补两次课，以此增加华罗庚的收入。但这样还是不足以维持华罗庚一家的生活，有时实在没有办法，华罗庚也会到附近的中学兼职代课。

那时的华罗庚精力旺盛、思维敏捷，正是专注于数学研究的黄金时期。吴筱元不忍丈夫受生活窘困的影响，为了不让丈夫分心，她默默地承担了繁重的家务。由于住处离菜场很远，她每天都要走好几里路去买菜、买米。后来她干脆在房前空地上种些蔬菜，以节省花销。

有一次，附近的农民送吴筱元两个鸡蛋。她心疼丈夫白天忙着上课，晚上还要写论文熬到深夜，于是就藏起一个鸡蛋，等孩子们晚上睡觉后，把鸡蛋煮给丈夫吃。华罗庚看着煮熟的鸡蛋，给妻子出了一道简单的数学题：“一个鸡蛋重 0.5 公两（公制单位，1 公两 =100 克），把它平均分成 5 份，每份多少公两？”吴筱元说：“当然是 0.1 公两啦。”随后，华罗庚把鸡蛋分成 5 份，自己吃了其中一份，剩下的 4 份留给妻子和孩子。吴筱元见状，眼泪夺眶而出。华罗庚笑着安慰她：“等这本《堆垒素数论》出版了，我们去割几斤肉，全家美美地吃一顿。要是还有剩钱，就给你和孩子们添几件新衣服，再给我自己买些书……”

在这清苦的生活中，华罗庚的小儿子出生了。吴筱元问起为孩子取名的事，华罗庚说：“薪水用尽，家里储蓄空空，但华家没有完，华家又多了个后代。我堂堂中华，一定会光复，一定会振兴的。就给这个孩子取名叫华光吧。”

华罗庚给儿子起名为华光，在美好的祝福之外，也是取了“花光”一词的谐音。华罗庚的幽默使他始终能以积极乐观的态度对待生活。

艰苦环境下写出《堆垒素数论》

1941 年，为了躲避战乱，也为了有个更安静的环境，华罗庚一家搬到了更远的郊区大塘子。这是一个小村庄，环境优美，河水清澈，绿树成荫，是个专心做研究的好地方。

住在郊区尽管安全，但到城里上课往返有几十里路。

华罗庚腿脚不便，又没钱坐车，只能搭坐农民的牛车。牛车两边各放着一块长木板，人们挤坐在木板上，加上道路崎岖，华罗庚很快就因颠簸感到腰酸腿痛。为解决这一问题，华罗庚有课时便住在西南联大的单身宿舍里。这样的生活持续了一年。

华罗庚之所以称在西南联大的那段日子为他的“第二劫难”，不仅是因为战争环境下生活的窘迫，更是因为当时日本人企图阻止这些知识分子进行科学研究。很多大学教授不得不放弃科研和教学工作，离开西南，甚至祖国。

华罗庚和其他教授一样，由于缺乏资料，科研工作举步维艰。但是，他始终没有向困难低头，即使在如此艰难的情况下，依旧写出了20多篇论文，依旧开展数学专题的研究和讨论活动。

在西南联大的那些日子，华罗庚每天晚上都在小煤油灯下痴迷地钻研，陪在他身边的是做功课的孩子们，还有做针线活的妻子。就是在这样的环境下，华罗庚完成了第一本数学专著——《堆垒素数论》。

为什么华罗庚能够始终对数学保持如此巨大的热情？从他和子女们的对话中，也许能够找到答案。

“你们觉得这个世界上最美的东西是什么？”

“玩具最美。”最小的儿子天真地回答道。

“当大夫！”大儿子华俊东说，“当大夫能够帮人治病，那么多受伤的人就不会死了。当一个大夫能把病人治好，那就是最美的事情。”

“华顺，你觉得什么最美？”华罗庚问女儿。

“我觉得音乐最美。”

华罗庚见儿女们都能够心有所想，不由得感到一丝欣慰。

“爸爸觉得什么最美？”孩子们反问道。

“你们所讲的东西都很美，但对爸爸来讲，数学最美。有人说，数学是上帝用来书写宇宙的语言，这句话说得很好，很有道理。我希望你们长大了也能爱数学，学习数学。”

患难之交闻一多

1945 年 8 月的一天，华罗庚摇摇晃晃地回到家中，吴筱元发现他一身酒气。由于身体不好，家中生活又极为艰难，华罗庚几乎滴酒不沾，这次一定是有重要事情发生了。果然，华罗庚满含泪水地告诉妻子：“抗日战争胜利了。”华罗庚一家满心欢喜地期待着战争胜利后返回北平，结束在西南缺衣少食的生活，过上安稳的日子。听到这个消息的吴筱元也激动地流下了泪水。

然而，谁也没有料到，抗日战争刚刚结束，国民党反动派便挑起了内战，国家又陷入战火之中。在西南的学生们发出怒吼，组织了大规模的示威游行。这一次，教授们昂首阔步地走在队伍的最前面，用自己的方式表达他们要和平不要战争的愿望。

这一时期对华罗庚影响最大的一个人，莫过于闻一多。

闻一多比华罗庚大 11 岁，两人在清华大学时便已相识，华罗庚对闻一多的为人和学问都十分钦佩。

1940 年夏，日军的一颗炸弹落在闻一多家的后院，幸好是颗哑弹，没有造成伤亡。事后，闻一多搬到了离城区 10 多里外的陈家营村居住。

闻一多住的是一座土木结构的二层小楼，楼下是灶房和牲口圈，闻一多一家八口住在二楼本来已经很拥挤，但听说华罗庚一家无处可去时，还是把稍大的一间正房腾出来让他们居住。两间正房之间没有隔墙，只是用床单隔开，华家住里间，闻家住外间。尽管条件艰苦，但两家人亲密无间，情如一家。

在中华民族生死存亡的关头，闻一多受日渐高涨的民主运动影响，不顾国民党特务的威胁，多次公开站出来发表讲话，支持进步的学生运动。这一切，华罗庚都看在眼里，深深为闻一多的进步和勇敢震动，他没想到一向温文尔雅的闻一多竟然有如此胆量和气魄！

在与老朋友的交流中，闻一多说：“现在，我们看着国人在自己的国家都得不到安全保障，自己人受自己人欺侮，我们还能自欺欺人地宣告科学研究救国保民的高尚立场吗？”

闻一多的话令华罗庚深受震撼，他开始重新思考做研究的意义，也开始思考究竟应该如何去爱这个国家。在闻一多的影响下，华罗庚一度想要离开昆明，到延安去。

1944 年，中国共产党地下组织计划在云南大学举行抗日战争时事报告晚会，国民党当局得知后，想方设法地破坏这次集会。会前，云南大学的训导长说，会上只准谈学术，不准谈政治。熊庆来作为云南大学的校长，也奉命做了发言，大谈教学的重要性，并且说“变”是不对的，只会带来大乱，等等。闻一多听罢十分愤怒，毅然站起来讲话：“有人不喜欢这个会议，不赞成谈论政治，说那不是我们教书人的事。国家落到这步田地，我们再不出来说话，还要等到什么时候！我们不管，还有谁管？”事后，熊庆来对华罗庚说：“当时是训导长让我去的，不想却上了特务的当，早知道就不该去，你见到一多后帮我解释一下。”华罗庚将熊庆来的话转告闻一多，闻一多说：“当时也是迫不得已啊！自然，我讲话锋利了些。”在闻一多的影响下，华罗庚和另外一些知识分子更加向民主运动靠拢了。

1945 年 9 月，闻一多被选为中国民主同盟中央执行委员。1946 年，国民党准备发动内战，残酷迫害民主党派人士，扬言要以“四十万重金，收买闻一多的头”。山雨欲来风满楼，大西南已经处于一片白色恐怖之中。这时，闻一多仍旧面不改色地参加昆明的各种民主运动，充满激情地发表演说。

1946年春，华罗庚接到苏联方面的邀请，准备出国访问。闻一多听到这个消息后，立马向华罗庚表示祝贺，他说：“我们要学习苏联，要走苏联的道路，你能到苏联学习，对于搞好我们中国的科学事业一定大有好处。你千万不能错过这次机会呀！”

华罗庚离开昆明之前，最担心的就是闻一多。他忧心忡忡地劝闻一多：“眼下形势如此严峻，而且很多原来在昆明从事民主活动的同志都已经走得差不多了，还是离开一段时间为好，千万要小心啊！”闻一多听了，坦然一笑，说：“罗庚，不用担心我。要斗争就一定会有人倒下去，但是一个人倒下去，千万个人会站起来！形势越是严峻，我就越应该把责任担起来。”华罗庚听到这些话，知道闻一多决心已定，不可能再改变了。

但华罗庚万万没有想到，这次谈话竟成了他与闻一多的永诀。当他从报纸上看到闻一多惨遭杀害的消息时，内心无比震惊，看着窗外的景色，他眼前逐渐弥漫了一层水雾。

他期待溅洒了无数民主志士鲜血的祖国迎来更美好的明天。为此，他将竭尽全力，更加努力地做研究。

30多年后，华罗庚在纪念闻一多的文章中写道："作为一多先生的晚辈和朋友，我始终感到愧疚，在最黑暗的时刻，我没有像他那样挺身而出，用生命换取光明！但是，现在我又感到宽慰，因为我可以用余生，完成一多先生和无数前辈未竟之事业。"

第五章 数学家的国界

1948 年春，华罗庚接受美国伊利诺伊大学的聘请，成为终身教授，这不仅是美国高校对华罗庚取得的数学成就的肯定，也是对一位中国科学家的尊重和认可。

访苏三月

1946 年 2 月 25 日，华罗庚从昆明出发，先飞到印度的加尔各答，与印度数论学家皮拉讨论了数论问题。皮拉教授后来写了一本数学专著，在序言起首这样写道："我写这本书，得到了华罗庚教授的很多帮助。"

3 月 8 日，华罗庚乘机离开加尔各答，于 3 月 20 日抵达莫斯科。

早在 20 世纪 30 年代，苏联的《报告》杂志专门刊登了华罗庚关于数论领域的文章。这本杂志是苏联境内用于公布科学研究结果的杂志，几乎没有刊登过外国学者的论文，由此可见苏联学术界对华罗庚的赏识和尊重。

在苏联期间，华罗庚发现苏联有很多学生学习数学专业。仅格鲁吉亚大学就有超过600名学生学习数学，占学生总数量的近1/3，而西南联大数学系只有30多名学生，两者相差甚远。格鲁吉亚的教育部部长库柏拉齐得知情况后，很疑惑中国为什么这么不重视数学教育。华罗庚微笑着反问道："这么多学生难道以后都会从事数学研究工作吗？他们毕业后有什么出路？"库柏拉齐巧妙地回答道："头脑受过数学训练的人，你还会担心他们没有出路吗？数学是科学之母，一个国家如果数学不发达，其他什么都谈不上了。"格鲁吉亚教育部部长的态度及苏联学术界对数学的认识，促使华罗庚对中国的数学教育事业产生了更多思考。

不仅如此，华罗庚还深入接触了一种独特的数学教育模式——数学竞赛。一个周末，华罗庚参加了第九届苏联数学竞赛部分参与者的主题报告会。报告当天，整个讲堂座无虚席，华罗庚环顾讲堂四周，发现有很多中年人甚至老年人也来听讲座。询问之后他才知道，这些人几乎都是苏联的中学教师，他们希望通过聆听大师的报告提升自己，以便更好地教导学生。华罗庚十分感动，苏联人民对数学的敬畏和热爱令他动容。

华罗庚在 1946 年 3 月 22 日的日记中写道："我想到我们中国科学界的情形：中国有些人，认为数学无用；也有一些数学家，自己对数学研究得很好，但总觉得数学无用武之地。其实，是因为没有中间的这一道桥梁，把数学和应用连接起来。我几年前就呼吁过，我们中国科学要想进步，除去必须注意到理论的研究之外，还需要注意到理论和应用的配合。理论如果不和应用配合，则两相脱节，而欲求科学发达，实在是不可能的。"

受到苏联尊崇数学的影响，华罗庚开始在心底默默筹划中国数学研究所的模式和中国数学教育发展的方向。他规划着中国数学事业的蓝图，酝酿着在中国也开展数学竞赛、数学普及等新型教育方式，力求培养更多人才。

在苏联的 3 个月，华罗庚不仅考察了苏联在数学、科学方面的现状和成就，还对苏联的文化、教育、社会等方面进行了全面了解。

华罗庚欣赏了苏联美丽的自然景观，与中国当时因为战争而满目疮痍的凄惨景象相比，这里显得无比美丽。看到苏联科学院专属的高楼，苏联科学家在其中安静而认真地做研究，再回想自己和同事们在昆明的窘境，华罗庚不由心生感慨；看到莫斯科广场上庆祝国际劳动节

的苏联人民载歌载舞，他不禁想到中国人民什么时候才能这样无忧无虑地庆祝胜利。

在苏联，有朋友表示愿为华罗庚治疗腿疾，但治疗时间较长，需要4个月左右，而华罗庚又即将前往美国考察访问，只好谢绝。

1946年5月12日，华罗庚结束了对苏联的友好访问返回中国。回国后，他冒着生命危险，在昆明给数以千计的大学生做了关于苏联访问过程的报告。这份题为《访苏三月记》的报告让更多青年学生看到了学术的曙光，也看到了世界的另一面，更加激发了他们潜心学习、改善中国社会面貌的积极性。

访问美国

华罗庚在1943年曾收到美国普林斯顿高等研究院的邀请，而且当时的教育部部长陈立夫也特别批准补助他1000美元作为旅途费用。但是由于种种原因没能成行，华罗庚决定推迟访美。1946年，在普林斯顿大学魏尔教授的邀请下，华罗庚的访美之旅终于成行。

9月，华罗庚和曾经一起在西南联大工作及学习的李政道、朱光亚、唐敖庆、曾昭抡等人一起，登上了停泊在上海黄浦江畔的“美格将军”号，踏上了前往美国的旅程。

据说为了旅途方便，军政部特地在华罗庚等人的护照上备注“将军”身份。不料入境后，海关人员根本不理会他们的“将军”身份。华罗庚无奈，只得迈着艰难的步伐向队尾走去，结果又被请了回来，理由是残疾人优先，这就有了“将军不如残疾人”的故事。

普林斯顿大学是一所世界著名的综合研究型大学，那里环境优美，林木茂密，人才济济，学术氛围浓厚。著名数学家韦尔、西革尔、冯·诺依曼等都曾在这里供职。

让华罗庚与其他中国学者尤为兴奋的是，美国在科学设施和条件配备上都远远超过当时的中国，科学家们可以在安稳而完备的场所中进行研究。在普林斯顿，华罗庚以客座讲师的身份工作了一年，对美国的教育体制和研究模式有了深刻的体会。他开始思考中国科学的发展前景，明白只有真正唤起全社会对科学的重视，形成一种成熟而有效的科学发展模式，中国的科学事业才会得到快速发展。

在美国访学期间，还有一件事对华罗庚的一生影响很大，那就是治好了腿疾。自从青年时代的那场疾病后，他一直拖着残腿生活和工作，这不仅影响了他个人的日常生活，还给他的科学研究带来了诸多不便。

华罗庚在北京时到协和医院就诊过，但医生认为他体质虚弱，不宜开刀；在英国时医生则说没有把握；访问苏联时因时间紧迫，也没能治疗。他这次访美，在麻省理工学院演讲时，经该校一位数学教授介绍，住进了约翰·霍普金斯大学医学院，接受手术治疗。

这次手术进行了整整 4 个小时，医生从华罗庚的右腿割下一块肉移植到左腿上。经过 4 个多月的治疗与休养，他左大腿骨的弯曲部分基本得到纠正，左腿可以伸直了，只是左腿较右腿稍微短了一些，需要穿厚底鞋进行平衡。虽然华罗庚的双腿无法完全恢复到患病以前的健康状态，但一般行走已经没有太大问题。

为了活动筋骨，华罗庚还遵从医嘱，开始学游泳，并且每天坚持走路康复。他拍了一张照片寄给妻子吴筱元，吴筱元收到照片后高兴地对亲友说：“他的腿治好了！”

1948年春，华罗庚接受美国伊利诺伊大学的聘请，成为终身教授，这不仅是美国高校对华罗庚取得的数学成就的肯定，也是对一位中国科学家的尊重和认可。

在这些年里，与华罗庚相识的美国数学家们，对他那种清晰又直接的数学方法和知识深度以及数学天赋，有了更深的印象。他的兴趣扩大到包括多复变理论、自守函数和矩阵几何。活跃的数学家们对华罗庚给他们的艺术所创造的贡献，是熟知于心的，因为他们几乎每天都在运用华罗庚的研究成果。一位群论学家在听到有人提起华罗庚的名字时，这样说道：“我们有一个著名的有关同构的定理，名字叫华氏定理，那必定是同一个华氏！”美国数学家狄锐克·莱麦尔说，华罗庚在抽取别人最好的工作成果上有不可思议的能力。他总是能够确切地指出他们的结果中有哪些是可以改进的。他有他的许多窍门，他广泛阅读并掌握了20世纪数论的制高观点，他的兴趣是改进整个数论领域，他试图推广他所遇到的每一个结果。

伊利诺伊大学给予华罗庚很高的礼遇，除了优厚的物质条件外，还让他选择两位杰出的青年数学家一起工作，把伊利诺伊大学建设成一个代数中心。在这里，华罗庚指导了两位研究数论的学者——埃尤伯和舍恩菲尔德。尽管个人背景不同，但对数学的热爱使他们相处融洽。

美国团圆盼归国

1948 年，华罗庚着手准备接家人到美国团聚。因为他得到消息，中国共产党基本解放了全国大部分地区。

但此时华罗庚来美国还不到两年，做手术又花了不少钱，一时无力支付家人的机票费用，只得向同乡友人借了一部分钱，火速为家人办理了护照。

吴筱元想到可以跟日思夜想的丈夫团聚，心情十分激动。她先让母亲带着最小的孩子华苏回家乡金坛暂住，然后打算带着其他的孩子先到美国去。

大女儿华顺这时已经长大，正在燕京大学物理系念书，但她并不打算去美国，在信中真诚地告诉父亲已经加入中国共产党，成为一名革命战士。革命尚未结束，她不能卸下肩上的使命，跟随母亲和弟弟们去美国。她表达了对父亲的思念，但是留下来继续革命的决心也格外坚决。她对母亲说："您到了美国跟爸爸说，我已经跟定了共产党。希望爸爸在解放战争结束后，早一点回来。"华罗庚知道华顺的品性，他相信女儿做出了最正确的选择，也支持女儿坚持原则，执着而努力地追求、守护她的理想。于是，吴筱元带着华俊东、华陵、华光 3 个孩子飞往大洋彼岸的美国。

华罗庚终于和家人暂时团聚了。在伊利诺伊州生活的那段日子里，他们享受着从未有过的安稳。但是华罗庚始终不忘自己是一个中国人，他每天必读报纸，任何与祖国有关的消息，无时无刻不在牵动着他的神经。正如一句老话所说：梁园虽好，非久恋之乡。华罗庚从未想过要永居美国，更何况祖国还有他未完成的事业，以及那个一心想要投身革命的女儿。

1949 年 2 月，华罗庚收到了女儿华顺从北平写来的信，信中说："北平解放了，全城一片欢腾，共产党廉洁奉公，解放军纪律严明，不拿群众一针一线。""新中国的建设需要一大批科学家参加，希望爸爸妈妈赶快回家。"接着，华罗庚又从报纸上看到越来越多来自祖国的喜讯，他对祖国的信心与日俱增，回国开始被提上议程。

1949 年 12 月 25 日，中国在美访问的教授学者们组织了一次晚会，大家齐聚一堂，按照西方的习惯迎接新的一年，也是希望能够迎来新的气象。

很多科学家出席了这次晚会，有人提议让这些赫赫有名、为中国人争了光的科学家讲两句。轮到华罗庚时，他有些抑制不住激动的心情，说道："每逢佳节倍思亲啊！诸位，我相信大家来到美国，并非想在这里久居。当初，我们因为客观原因才远赴美国。现在，国内在呼唤民主，呼唤科学，呼声已经越来越高，我情愿和我的同胞们站在一起，克服困难，而不是站在国外袖手旁观。我认为，这是我们作为一个中国人应尽的义务，要不断地去争取改善我们的生活和工作环境。因此，如果谈希望的话，我希望能够回国，和我的兄弟们一起，把咱们的祖国建设好！"华罗庚的讲话赢得了在场之人的热烈支持。

毅然回到祖国

很多美国人曾想，为什么美国的高楼大厦、大西洋彼岸的美味佳肴，怡人的自然风光，还有每年高达 2 万美元的薪金都留不住来自东方的天才。

对于选择回到祖国的原因，20 世纪 60 年代，华罗庚在《人民日报》上发表了一篇题为《春风吹拂换人间》的文章，做了客观的解释。他在文中说道，到了美国，生活是有所改善，但是社会关系却是地地道道的买卖关系。去商店买裤子，店员很自然地拿出粗货，如果请他拿细料，他会悻悻地说："你们黄种人穿这种料子正合适，在洗衣间里耐磨经穿。"是的，他们心目中的黄种人，不是洗衣作坊的工人，就是中国饭铺的厨师……他们中很多人偏执地认为黄种人是卑贱的，纵然是教授也不例外。

下定决心回国后，华罗庚开始准备相关事宜。

伊利诺伊大学得知华罗庚要回国后，真诚地挽留他，甚至建议他“先回去看看，孩子由学校照料”，但是华罗庚怀着“中国人应当站起来”的坚定信念，决意回国。

他的学生知道此事后，都陆续前来与老师告别，还购买数学名著送给他作为纪念。华罗庚还预付了一笔钱，让美国科学家年会定期把《数学评论》《数学学报》等刊物寄给他。这些杂志对后来初创的中国科学院数学研究所起到了很大作用。

1950年初，华罗庚决定先乘轮船到香港，再回北京。如果美国阻拦，他就先去欧洲，再经苏联回国。幸好一切还算顺利，他们从旧金山乘轮船来到香港。由于走得比较急，华罗庚有一部分工资都没有领取。

抵达香港后，华罗庚闭门谢客，花几天时间写了一封《致中国全体留美学生的公开信》。他在信中写道：“为了抉择真理，我们应当回去；为了国家民族，我们应当回去；为了为人民服务，我们也应当回去；就是为了个人出路，也应当早日回去，建立我们工作的基础，为我们伟大祖国的建设和发展而奋斗！”

1950年3月11日，新华社向全世界播送了华罗庚的公开信。在祖国的召唤和华罗庚的鼓励下，从1950

年到 1957 年初，大批海外留学生和学者冲破重重阻力，从美国、英国、法国、日本等国回到祖国的怀抱，投入新中国的社会主义建设中，掀起了一股海外学子归国的热潮。在这些人中，不乏日后为新中国的社会主义建设做出伟大贡献的杰出人士。

华罗庚终于坐上了回北京的火车，美国已经成为遥远的过去，他回到了这片令他魂牵梦萦的土地。无论如何，这个叫作中国的国度始终是他的母亲，给予他生命，给予他梦想，也给予他人生的价值与归宿。他是中国的儿子，无论如何都要回到中国来。望着窗外渐渐熟悉的景色，华罗庚知道“家”已经不远了。他转身看着陪伴在自己身边的妻儿，心中感到无比欣慰。

20 年前，他还是一个初出茅庐的年轻小伙子，告别家人，独自乘坐北上的火车，带着对熊庆来教授的感激和敬仰，前往清华大学开始他心目中的新生活。那时的他还在思考，到底是找份安稳的工作度过余生，还是冒些风险继续自己热爱的事业。他带着极其简单的行李，来到一座陌生的城市，不知道前方究竟有什么遭遇，但无论如何，他都要勇敢地向前摸索，开辟出自己梦想的那片土地。

20 年后，他带着无数荣誉重新回归这座城市，想起当年的懵懂和热情，不禁感到时间竟奇迹般冲刷了所有的不愉快，只留下美好而珍贵的记忆。

20 年来，华罗庚无时无刻不在告诉自己，科学没有平坦的大道，真理长河中有无数的礁石险滩，只有不畏攀登的采药者，才能登上高峰采得仙草。科学是老老实实的学问，容不得半点虚假，既要有直观洞察的想象能力，又要有扎实、严谨的钻研精神。攀登悬崖，一步落空就会粉身碎骨！这是无数引导和指教过华罗庚的前辈老师留给他的经验，这些金玉良言一字一句地刻进了他的生命，成为他毕生律己的箴言。

20 年来的每一步，华罗庚走得踏实而有力，他逐步登上科学的高峰，成就了自己辉煌的事业。他感谢这 20 年来支持和关爱他的可敬的人们，是他们让他始终身处阳光的照耀之中；他也感谢 20 年来的种种挫折和艰难，让他在经历风雨之后变得更加坚强。直到今日，他从遥远的国度重新回到这里，恍如隔世，一切陌生又熟悉。

但是，华罗庚清楚地知道，这里不是终点，而是新的开始，他要在这片曾经饱受战火洗礼、现在百废待兴的土地上，开创他的事业，与新中国的科学事业一起出发！

第六章 数学重担一肩挑

经过认真的思考，华罗庚提议举办全国性的中学生数学竞赛活动。这一倡议得到了数学界的积极响应，陈建功、苏步青等著名数学家都热情地参与了这项活动。

成立数学研究所

回到熟悉的清华园，一切似乎又回到了边读书钻研边工作的青年时代。此时的华罗庚已不再是那个因为只有初中文凭而饱受争议的小伙子，而是一位名副其实的数学权威，完全能够胜任当年恩师熊庆来曾经担任的清华大学数学系系主任的职位。不过，华罗庚根本不在乎这些职位，一心只想开拓数学教育的新天地。

他的归来也在清华园里引发热议，这使他从中看到了校内师生们对他的敬意、拥戴与期望，也给了他奋发向上的力量。他在写给一位中国留美学者的信中说："我已走马上任，决心在清华园开拓、创业，开辟新的环境。"

在担任清华大学数学系系主任后，华罗庚致力于推广他的研究成果——典型群论，希望能培养出这方面的杰出青年。他把家安置在清华园里，以便把更多时间和精力投入教学与研究中去。他和很多师生成了朋友，鼓励他们在数学上进行钻研，帮助他们答疑解惑，支持他们探索新的知识。他和万哲先一起解决了法国数学家迪厄多内没有解决的几个典型群问题；裘光明翻译维诺格拉多夫的《数论基础》后，华罗庚热情地为这本书作序，大力推荐这本书；他还用德国数学家魏尔斯特拉斯大器晚成的例子来鼓励迟宗陶，使其坚定信心，努力工作……

与此同时，华罗庚也没有停止自己的研究工作，仍在继续深化数论方面的研究。这一时期对华罗庚来讲，无疑是快乐而充实的，他终于迎来了能够逐步实现自己愿望的幸福时刻。

很快，一个新的重任落到华罗庚的肩上：中国科学院请华罗庚负责筹建数学研究所。

华罗庚丝毫不敢懈怠，尽心尽力地筹划工作。从全国各地调集专业人员、搜集材料、准备设备等，在他的领导下，一切都井井有条地进行着。1952 年 7 月，中国科学院数学研究所宣告成立，华罗庚成为第一任所长。

数学研究所在新中国数学领域的发展中起到了至关重要的作用，它使中国数学界有了一个统一的学术机构，不仅在条件的配备和机构的设置上形成规律而有效的管理模式，还使中国数学界在世界上有了正式的代表机构。

对于数学研究所的研究方向，华罗庚不仅有自己的想法，而且决心付诸实践。对于抗战期间强调应用，忽略基础研究的情况，华罗庚认为，重视应用没有错，但忽视基础研究显然缺乏长远考虑，应该适当予以纠正。

华罗庚号召大家发挥各自的专长，认真研究，争取早出成果。为了方便研究人员发表研究成果，在华罗庚的建议下，数学研究所编辑出版了两套专刊丛书：甲种专刊与乙种专刊。这一措施对推广中国数学研究和培养数学人才起到了积极作用。

在主持数学研究所工作的同时，华罗庚与留在国外的学者也保持密切联系，逢年过节总是寄送卡片，争取那些留在美国的中国数学家回国工作。

工作渐入佳境，华罗庚又恢复了边研究边工作的生活。他和同事或者学生一起研究数学问题、备课、在讲台上绘声绘色地教学、编写教科书、发表论文……他的人生从来不曾虚度，他的每一分钟都过得充实而有效率，每一个瞬间都闪烁着智慧的火花。

倡导数学竞赛

在数学研究工作中，华罗庚清醒地意识到，要使中国的数学达到世界先进水平，仅有少数几个突出的、具有国际声誉的数学家是远远不够的；靠办几个讨论班，写几本数学专著来培养人才，也无法使中国的数学朝着“质高、量多、方面宽”的方向健康蓬勃地发展。在这种情况下，他把发展数学的目光投向了青少年，决心把热爱数学的种子播撒在全国青少年的心田。

早在 1946 年访问苏联时，华罗庚便见识了苏联数学竞赛活动的厉害，认为这是推动中学生学习数学、热爱数学的一种很好的方式。20 世纪 50 年代，华罗庚应邀到欧洲访问讲学。其间，匈牙利的一位数学家请他吃饭，两人相谈甚欢。交谈中，这位匈牙利数学家说：“我认为数学最伟大，是一切学问中最高的，人类能准确预报日食月食，一分一秒不差，靠的是数学；爱因斯坦的相对论靠的是数学；飞机上天，原子弹爆炸都离不开数学。”华罗庚说：“我认为数学是一切学问中最低的！小学生要学数学，任何科学技术都植根于数学，这难道不说明数学最低吗？”说完，他与匈牙利数学家会心地哈哈大笑。这也更加坚定了他向全国青少年推广数学的决心。

经过认真思考，华罗庚提议举办全国性的中学生数学竞赛活动。这一倡议得到了数学界的积极响应，陈建功、苏步青等著名数学家都热情地参与了这项活动。经过紧张的筹备，1956 年，中国首届中学生数学竞赛活动在北京、天津、上海与武汉 4 座城市举行。

竞赛前，华罗庚亲自向参赛学生及他们的老师做了报告《从杨辉三角谈起》。他既讲授知识，又传授思考方法，讲得深入浅出，受到师生们的欢迎。后来，在潘一民的协助下，演讲的内容被编成小册子在全国发行。这项竞赛活动极大地促进了全国中学生数学素质的提高。

1957年，数学竞赛活动进一步扩大到南京等城市。此后受客观因素的影响，数学竞赛活动一度暂停。1962年，随着形势的好转，北京市又恢复了数学竞赛。华罗庚以极大的热情再度参与其中，出任竞赛委员会主任，并为参赛学生做了报告《从祖冲之的圆周率谈起》。这个报告也被编成小册子在全国出版发行。此外，华罗庚还为中学生写了《从孙子的“神奇妙算”谈起》《数学归纳法》《谈谈与蜂房结构有关的数学问题》等普及性小册子。这些小册子的讲解深入浅出，很能激发孩子对数学的学习兴趣。在传授科学知识的同时，华罗庚还抓住机会对青少年进行爱国主义教育，启发他们的民族自尊心与自豪感。

1962年春，华罗庚接见了北京市的80多名中学数学竞赛优胜者，在与孩子们亲切、友好的交谈中，他分享了自己的学习经验：“如何学好数学？我想必须多做习题，基本功要经常练，有机会就练，不要轻易放过难题。碰到难题一时想不出来，不要泄气，继续想，经过一番深思苦想以后，想出来了，那时的心情愉快极了。即使当时想不出来也不要紧，这可以养成独立思考的好习惯，培养独立思考的能力。”华罗庚还以“独立思考、锲而

北京市少年宫

不舍”8个字，勉励孩子们刻苦学习，争取成长为祖国的栋梁之材。

筹建计算技术研究所

20世纪40年代华罗庚在美国访问时，宾夕法尼亚大学便制造出世界上第一台电子计算机，向世人展示了一个全新的、充满希望的科技领域。中华人民共和国成立以后，华罗庚认为中国要想赶上世界科学前沿的脚步，必须抓紧研究计算机技术，而这显然需要大量相关人才。

华罗庚在脑海中搜罗着合适的人选，最终想到清华大学电子系电信网络研究室主任闵乃大，他是留德归来的电信网络专家。

说干就干，1952年秋，华罗庚与闵乃大、夏培肃、王传英三人一起商议此事。很快，中国第一个计算机科研小组成立了，他们在一穷二白的情况下开始了研究工作。

1956年，华罗庚见到夏培肃等人后，告诉他们一个好消息："电子计算机已经引起了党中央的重视，这次也要加以规划。以后咱们就可以大干一把了。"

为了采纳各国之长，华罗庚主持召开了一系列报告会，动员大家对国际上计算机技术的发展状况及中国的发展战略问题进行讨论，最后集中众人意见，提出"先集中，后分散"的工作方针，在资源有限的情况下，集中精力先打"歼灭战"。经过几个星期的紧张工作，华罗庚等人终于拿出了中国第一份计算机技术的发展规划。

1956 年，计算技术研究所成立。华罗庚马上排兵布阵，将数学研究所计算机研制小组的吴几康、夏培肃调到计算技术研究所担任带头人。与此同时，在他的劝说下，冯康毅然放弃自己原来的泛函分析专业，来到计算技术研究所，承担中国计算数学的工作。

冯康在物理及数学方面的坚实基础和渊博知识，对华罗庚指导计算数学领域的业务工作及个人研究工作起了重要作用。作为计算数学这门新兴学科的先行者和带头人，冯康特别重视理论和实践的结合。而这也正响应了华罗庚理论科学与应用科学不可偏废的一贯主张。在冯康的指导下，计算技术研究所第三研究室承担了大量国防、国民经济各部门的实际计算任务。

当时，华罗庚还鼓励石钟慈去苏联学习计算数学。后来，这些人为电子计算机及其应用的普及推广做出了开创性的成绩，而这与华罗庚识人有方是分不开的。

第七章 治学育人有方法

华罗庚十分爱才、惜才，在选择学生时从不看重外在、出身，而是以学识取人。

千里马变身伯乐

华罗庚特别欣赏毛泽东《水调歌头·重上井冈山》词中的一句："世上无难事，只要肯登攀。"在数学事业上，他不仅追求个人价值的体现，而且也不遗余力地培养后进。他早年遇到了许多贵人，因为他们的提携和帮助，才有了今天的成就。对此，他始终心怀感激，也继承了当年熊庆来教授不拘一格提拔人才的优良传统。

自 1950 年回国后，华罗庚除了在数学研究上继续做出新的贡献，还花很多时间和精力培养年轻人才，领导许多讨论班，并完成许多专著。他的著作在某种程度上起到了先进带动后进的作用。比如，写《数论导引》引导了陈景润和王元从事数论研究，写《典型群》“带出”一个万哲先，写《多复变函数论典型域的调和分析》又“带出”陆启铿和龚升。这几个学生后来都成为国际知名数学家。

王元，1952年毕业于浙江大学数学系，苏步青和陈建功将他推荐给华罗庚。经过考核，华罗庚将他分到数论组，带着他研究数论。后来，王元成了华罗庚的重要助手。1973年，两人合作创立了享誉世界的“华－王方法”。1980年，王元当选为中国科学院院士。

华罗庚十分爱才、惜才，在选择学生时从不看重外在、出身，而是以学识取人。

留美归来后，华罗庚曾应广州中山大学之邀去做了一次学术报告。当时的听众中有一位半身瘫痪、必须靠双拐才能行走的残疾青年，他听得格外出神。他多次想要给华罗庚写信，但一提起笔就失去了勇气。他想，中国这么大，有很多人喜欢数学，华先生作为著名的大数学家，仰慕者和追随者不计其数，怎么会收他这个残疾人做学生呢？他思前想后，最终还是按捺不住心中的渴望，抱着试一试的心理写了信。不久他便收到了北京的来信，不由激动万分，说：“华先生同意我去应试了！”这个年轻人就是后来颇有造诣、成为中国科学院院士的数学家陆启铿。

在华罗庚提拔的数学人才中，最有名的要数陈景润。

陈景润生于1933年，是福建省福州人，从小就痴迷数学，但不善与人交往。1953年，陈景润从厦门大学数学系毕业，被分配到北京四中教书，但他很不适应这份工作，不过一年就被“辞退”。有人向厦门大学校长王亚南诉说了陈景润的遭遇，王亚南便把他调回厦门大学图书馆当了一名图书管理员。

不论工作如何变动，陈景润对数学都兴趣十足。他天天随身携带华罗庚所写的《堆垒素数论》，走到哪便读到哪，把这本书翻来覆去地研读了七八遍，一些重要章节甚至读了40多遍。为了充分利用时间，他把《堆垒素数论》拆开，在口袋里装几页，开会、吃饭或外出时，随时随地拿出来看，还反复思考与验算，直到烂熟于心。

正所谓功夫不负苦心人，经过反复研读华罗庚的《堆垒素数论》，陈景润发现其中还有可以改进的地方，比如可以利用第五章阐述的方法对第四章中的某些结果进行改进，这是当时数论的中心问题之一的“他利问题”，和哥德巴赫猜想一样，深受数论学者的关注。陈景润把自己的想法写了出来，这就是他的第一篇学术论文《他利问题》。

陈景润的老师李文清等人将论文辗转交给华罗庚，并附上一封信。华罗庚向来喜欢别人对自己的工作提出意见，指出错误。他收到陈景润的论文后，认真审阅，接着又把陈景润的手稿转交数论组的人审阅。大家一致认为，陈景润的想法和结果是正确的。华罗庚十分高兴，认为陈景润是一个有想法、肯钻研、有培养前途的青年。他感慨地对数论组的年轻人说："你们整天待在我的身边，倒让一个跟我素不相识的青年改进了我的工作。"

陆启铿要去南方出差，华罗庚交代他说："到了厦门，你一定要去拜访陈景润，征求他的意见。如果愿意的话，我们请他作为特邀代表，到北京参加数学讨论会，资费全部由我们付。还请你拜访一下厦门大学的负责人，转达我的提议，如果他们同意，我想把陈景润调到北京来工作。"

陈景润收到华罗庚的邀请与一张事先预订的从厦门到北京的软席卧铺票后，激动得流下了眼泪。很快，陈景润来到北京，负责会务工作的王元马上带他去见了华罗庚。

陈景润见到华罗庚时十分紧张，一时不知说什么好，只是反复说："谢谢华老师！谢谢华老师！"华罗庚看出他是个能静下心来做研究的人，于是笑着鼓励了他几句。

对陈景润有了初步了解后，华罗庚决定调陈景润来数学研究所工作。1956 年秋，陈景润迈进了数学研究所的大门。丰富的藏书、名师的指导、充足的研究时间，使他在这里如鱼得水。

陈景润整天待在图书馆里，饿了就啃几口馒头，渴了就喝点白开水，有时连图书馆下班的铃声也听不到，被工作人员反锁在里面。他甚至在走路的时候也专心思考问题，有一次撞到一棵大树，头上起了一个大包，他居然还问是谁撞了自己。

有时他拿着饭盒去食堂吃饭，突然想到一个思路后，在食堂转一圈又回到宿舍，忘记了吃饭的事情。见到熟人和同事，他经常不说话；别人跟他打招呼，他也不做回应。渐渐地，人们开始在背后谈论陈景润的古怪行为，华罗庚却笑着说："你们别小瞧这个陈景润，他将来很可能会成为一颗新星，超过你们中的许多人。"

不过，陈景润毕竟只是刚开始做研究，以后能做出什么成绩，实在难以预料。华罗庚对此并不担心，他说："当初调陈景润来数学研究所，就是看重他肯动脑筋。"他很关心陈景润，不仅在学业上给予引导，而且把他树为“安、钻、迷”的典型，让数学所的研究员们都来学习他的钻研精神。1963 年，在华罗庚的争取下，陈景润从实习研究员升为助理研究员。

陈景润没有辜负华罗庚的栽培与期望，到 20 世纪 60 年代初，他先后在华林问题、圆内整点问题、球内整点问题与除数问题上取得进展，还开始挑战哥德巴赫猜想，最终将哥德巴赫猜想的研究向前推进了一大步，成为“移动群山之人”。对此，陈景润没有忘记华罗庚的教导之恩，他经常说：“我的老师华罗庚栽培了我，没有他的提携，我绝对不可能有今天！”

而华罗庚对陈景润的成功也感到欣慰，同时庆幸自己当初的选择。他不止一次对人说：“当年给陈景润开的‘后门’确实开对了，中国多几个陈景润，就多几分希望。”他多次在自己的著作中介绍陈景润的研究成果，并给予高度评价。

可以说，陈景润的成长过程说明了华罗庚对于学生研究能力的敏锐眼光，而他对学生的指导也无愧于一位美国教授的评价：“华罗庚回国对中国数学十分重要，如果他不回国，中国数学界将会痛失一位天才。”

严师出高徒

中华人民共和国成立以后，华罗庚肩负起为中国科学事业，尤其是数学事业培养先进人才的重任。这份责任使身为人师的他不敢有丝毫的懈怠。

为了更好地投身教育，华罗庚携妻儿回到北京后，安排家人住在数学研究所附近的平房里。那里虽然条件简陋，但是有助于他全身心地投入数学的研究和与学生的交流讨论之中。

那时的华罗庚早已声名在外，很多人不知道他才 40 多岁，这让很多慕名前来的人无比惊讶。想要报考华罗庚数学研究生班的王元就曾惊异道："华老师这样年轻，却已经有了很大的名声和成就，他肯收我做研究生吗？"后来，王元成了华罗庚的得意门生。

华罗庚在教育方面始终主张培养学生的独立思考能力。他说，一个学生在具体指导下可以获得数学的基本知识的同时，可以开始研究。为了做好研究工作，学生必须独立思考，因为客观世界总是在发生变化，科学工作也在不断发展，这就要求有常新的建设性的方法和创造性的勇气。华罗庚在《中国青年》上撰写的一篇文章中写道："在我身上没有任何天赋，所谓天赋都是依靠学习。"他鼓励学生锻炼自己的创造性思维，不赞成用死记硬背的方法来学习数学。

华罗庚在教学中有几个主张：一是主张学习的主动性与自主性（独立性），二是主张学习和研究相结合，三是主张选读名家的数学原著和文献。

华罗庚在教育上的这些主张，很大程度上受到了在国外访问生活的影响。"我们的学生有一个很不好的习惯，就是一旦遇到什么问题，就去问别人，一次问不出就再问一次，直到问题解决为止。这种方法虽然简单，却也让学生们不愿意费力去思考。我的责任就是让学生改变这种习惯，能够养成更符合现代科技所需要的学习方式。"

华罗庚讲课时通常不安排答疑环节。对于讲义或书本上的题目，他总是要求学生自己去分析，习题也要求学生主动去做，做多做少可以自行决定。他从来不考试，而是按平时做题的情况打分，因此学生们都很喜欢他，觉得不以考试论成绩是他对学生的学习自觉性与自主性的“品格尊重”。

华罗庚是一位严厉的老师。他对学生要求十分严格，要求学生要有新想法，有创新精神，不能“依样画葫芦”。“如果自己的脑子里没有问题，那就不是数学家了”，他如是说。当学生有新想法，取得点滴成果时，他总是给予鼓励。他也经常告诫学生不要眼高手低，要注意练好基本功，认真、踏实地钻研，像学习武术拳法一样，冬练三九，夏练三伏，日积月累之后，自然会有收获。在研究过程中，他经常鼓励学生多提意见，还明确表示，不会指导不肯给他提意见的人做研究。

和青年们谈论治学方法时，他语重心长地说：“古时候，有人想修道成仙，大致采用两种方法，一种是自己苦修，另一种是吃‘金丹’。后一种方法显然是荒唐的。但前者的苦修精神，却是可为今人在摸索学习方法时采用的。这种苦修精神，说起来就是不怕困难，锲而不舍。自修是一种比较艰苦的学习方法，但它的优点是无论何人、何时、何地都可以采用。只要我们能按部就班，不懈怠，继之年月，它就可以帮助我们到达科学的光辉顶点。”

据华罗庚的学生们回忆，华罗庚有着惊人的活力，

常常工作一整天也不知疲倦，连晚上也在忙着研究，而且周末几乎不休息，学生们只能跟着加班加点，专攻学业。

每天早上，还在睡梦中的学生们总会被华罗庚急切的敲门声惊醒。华罗庚逐个找到学生的宿舍，催促他们起床，等学生们一切就绪后便立即投身讨论和研究之中。有时，晚间学生们都休息了，华罗庚突然想到一些正在讨论中的问题的解决方法，就不顾一切地跑去将学生们重新叫醒，开始兴奋地讲解。这一讲就讲到天亮。如果发现哪个学生有懈怠现象，华罗庚便示以警醒。妻子吴筱元对他这样的做法看不下去了，有时责备他几句：“他们这么年轻，你礼拜天、晚上也不让人家休息，人家找不到对象怎么办？”华罗庚只是淡然一笑，说：“不刻苦，不用功，将来没有出息，恐怕才真找不着对象哩！”

在讲课的过程中，遇到关键的方法与转机的节点，华罗庚总是先让学生认真思考：“人家是怎样想出来的？如果是你，该怎么办？”这种反复的提醒，使学生的思路在对比与鉴别中得到开阔，对数学的理解能力也有了很大的提升。

华罗庚还很注重从身边的事物引发出数学问题，激发学生对数学的兴趣。比如，他让学生以球面三角为工具，根据报纸上报道的苏联导弹落点的位置去推算导弹发射点的所在位置；或者让学生利用人造卫星轨道方程，计算太阳系其他行星的第三宇宙速度等。

为了加强理论联系实践，华罗庚亲自带领学生下工厂、农村，在劳动中解决实际问题。他说："学生时代就要培养应用能力，探索一条培养应用数学人才的途径。"

有一次他们去农村，劳动收工时，有个学生总是跑在最前头，带领大家直奔前方流过田地的一条水渠洗刷农具，然后再朝着住宿的村落直线前进。华罗庚看在眼里，问那个学生："你带大家走的路线对吗？"学生愣了一下后恍然大悟，这个路线中包含了一个平面几何的优化问题。华罗庚说："这里实际上是两个阶段的优化决策问题，你只看到了第一阶段的优化，缺乏全局观念，走的路线不是全局优化。"后来，华罗庚用这个例子考查过很多学生，大家几乎都是劳动完直奔水渠，没有考虑到全局路线的长短。对此，华罗庚说："你们做的是物理运动，我看到的是数学现象。"

俗话说，严师出高徒。华罗庚所指导的学生，基本都受到他的影响，渐渐养成了独立思考、坚忍执着的品质。在他的学生中，越民义、万哲先、陆启铿、龚升、王元、许孔时、魏道政、严士健、潘承洞等人后来都成了著名的数学家，成长为中国数学界的骨干。

1979年以后，华罗庚又提出治学之道应该是“宽、专、漫”。也就是说，基础要“宽”，对专业要“专”，并且让自己的专业知识“漫”到其他领域。当初他从解析数论中“漫”出来，可以说是他一生研究数学的得意之笔。“我们从一个分支转到另一个分支，是把原来所搞的分支丢掉跳到另一个分支吗？如果这样就会丢掉原来的。而‘漫’就是在你搞熟弄通的分支附近，扩大眼界，在此过程中逐渐转到另一分支，这样原来的知识在新的领域仍然有用，选择的范围就会越来越广。”这些观点既是华罗庚的经验总结，也是他留给广大学生的治学良方。

把书看成两页纸

华罗庚对年轻人一向关心爱护，在日常生活和工作中总是竭尽所能帮助年轻人成长和成才。他曾经对学生说："我常跟你们年轻人讲，一本书要先把它看厚，一看觉得这里面东西很多。再看的时候要把它看薄，它的精要你要记住，非记住不可。然后再看第三遍，整理笔记，最后把它整理到两页纸上。把书看成两页纸，你就会了。"

这"两页纸"的背后还藏着一个鲜为人知的典故。1958年修建成昆铁路时，条件极为艰苦，进展缓慢，甚至造成人员伤亡。为了解决施工过程中的困难，周总理特地把华罗庚派去指导施工。工程总指挥首先请求华罗庚帮忙解决火药导火索长度的问题——既不能太长，也不能太短。华罗庚有些为难，说别人要讲一本书，可他只有两页纸的内容。总指挥表示这样更好，战士们没有时间去消化一本书，两页纸的精华再好不过了！于是，华罗庚就拿着这两页纸给大家讲开了。后来，部队普遍采用华罗庚的优选法，伤亡大大减少。

华罗庚一向认为，做学问的人不应该卖弄自己的学识，故弄玄虚，把简单问题复杂化。而他之所以能成为一位伟大的科学家，不仅是因为他在数学领域的巨大贡献，更是因为他能够深入浅出地把高深的理论讲清楚，让普通人也可以活学活用，应用到生产实践中去。

陈知健曾任重庆警备区副司令员，有段时间，他跟着华罗庚的小分队去推广“双法”（统筹法与优选法），当时他正好在自学布尔代数。一天，华罗庚看见他在学布尔代数，笑着对他说：“这个东西很简单！”陈知健想，布尔代数虽然不算高深复杂，但是也不能说简单吧。华罗庚看出他心里不服气，就说不妨打个赌，他只用 15 分钟就能让陈知健学会布尔代数。陈知健半信半疑地同意了。

“布尔代数是用一个外国人的名字命名的，这个代数的实质就是有无代数，是通断代数……”华罗庚一针见血，第一句话就抓住了问题的实质。陈知健对华罗庚的敬佩之情油然而生。由于突然来了客人，华罗庚找来自己的学生陈德泉，简单交代几句，让他继续讲解下去。陈德泉当时的数学造诣虽然不如华罗庚，但也只用了 26 分钟就把布尔代数讲清楚了。从此以后，陈知健认真琢磨了华罗庚教自己的学习方法，把中学到大学的课程从头到尾过了一遍，感觉豁然开朗的同时，对布尔代数及华罗庚的优选法也有了更深刻的理解。

随着时间的推移，华罗庚不断改进与发展自己的治学方法。1962 年，他在《中国青年》发表文章《学与识》，明确提出“由薄到厚”“由厚到薄”的两阶段读书论。他说：“有人说，基础、基础，何时是了？天天打基础，何时是够？据我看来，要真正打好基础，有两个必经的过程，即‘由薄到厚’和‘由厚到薄’的过程。‘由薄到厚’是学习、接受的过程，‘由厚到薄’是消化、提炼的过程。……经过‘由薄到厚’和‘由厚到薄’的过程，对所学的东西做到懂，彻底懂，经过消化的懂，我们的基础就算是真正的打好了。有了这个基础，以后学习就可以大大加快，这个过程也体现了学习和科学研究上循序渐进的规律。”

数学书一般写得比较精练，省略了一些推导与计算步骤，初学时必须十分认真与仔细，补齐省略的计算与推导过程，这就是“从薄到厚”。而“把学到的东西经过咀嚼、消化、融会贯通，提炼出关键性的问题来”，保留最重要的思想和提纲，这时就觉得这本书变薄了。华罗庚常常比喻说：“现在中学的数学在你们脑子里还剩下多少？不是薄薄的了吗？”他用这个观点鼓励青年学习时要加快向“变薄”转化。

在基础教育方面，按照华罗庚的意见，应该采取“厚薄读书法”。第一步是让学生吸收知识，反复练习，广泛涉猎，加进自己的理解，把书读“厚”；第二步，帮助学生通过反复咀嚼、消化吸收，自己总结经验，包括解决数学问题的经验，能够提纲挈领、如数家珍地把知识融会贯通。这样做既是打基础，又是创新。中小学生若能做到这样，将来的发展前景必然十分广阔，创新能力也会大大提升。

华罗庚的治学方法，对于当今某些以伪“创新”之名而行功利之实的浮躁风气，无疑是一剂令人清醒的良药。

天才在于积累

随着华罗庚的名气越来越大，人们开始对他的学习方法产生了浓厚兴趣，加上媒体的一些宣传，他成了人们心目中的天才。华罗庚为了矫正视听，在报刊上发表文章，客观地介绍了自己的学习经验与体会。

1956年，他在文章《聪明在于学习，天才由于积累》中写道：

“……许多有名的科学家和作家，都是经过很多次失败，走过很多弯路才成功的。大家平常看见一个作家写出一本好小说，或者看见一个科学家发表几篇有分量的论文，便都仰慕不已，很想自己能够信手拈来，便成妙谛；一觉醒来，誉满天下。

其实，成功的论文和作品只不过是作者们整个创作和研究中的极小部分，甚至这些作品在数量上还不及失败作品的十分之一。

……有些同志也许觉得我在数学方面有什么天才，其实从我身上是找不到这种天才的痕迹的。我读小学时，因为成绩不好就没有拿到毕业证书，只能拿到一张修业证书。

在初中一年级时，我的数学也是经过补考才及格的。但是说来奇怪，从初中二年级以后，就发生了一个根本转变，这就是因为我认识到既然我的资质差些，就应该多用点时间来学习。别人只学一个小时，我就学两个小时，这样我的数学成绩就不断得到提高。

一直到现在我也在贯彻这个原则：别人看一篇东西要三小时，我就花三个半小时。经过长时期的劳动积累，就多少可以看出成绩来。并且在基本技巧烂熟之后，往往能够一个钟头就看完一篇人家看十天半月也解不透的文章。

所以，前一段时间的加倍努力，在后一段时间内却收得预想不到的效果。是的，聪明在于学习，天才由于积累。”

有一次，学生陆启铿发现华罗庚的很多藏书中都夹有黄土，他不胜好奇，便询问华罗庚。华罗庚听了不禁开怀大笑，吴筱元在一旁笑着解释说：“这是在昆明的防空洞里弄的。当时日本飞机常来轰炸，可他什么也不管，躲在防空洞里仍然只知道读书。”陆启铿听了十分感动，华罗庚也以亲身经历教育他要学会利用零碎时间，只有完全付出了才能有所收获。

华罗庚反复向学生强调积累的重要性，他说：“年轻的时候，别人用一个钟头做的事情，我用两个钟头来做，并且长期坚持下去。几年以后情况就不一样了，别人需要一个钟头做的事情，我 20 分钟就做完了。”

“读十本八本，不甚了解，反不如把一本书从头到尾读得精通烂熟。所谓烂熟不只是会背会算，而是能掌握基本精神、基本原理，能够灵活运用，并且必须注意

它的连贯性，依照深浅，一本一本地学下去。”

“学习科学时，必须紧紧掌握‘知难而进’的原则，一般说来，难易决定于主观（指学习，不指研究），决定于已有的训练。曾经克服过不少困难，则‘难’将变为‘易’；望而生畏，‘易’也变‘难’。”

华罗庚认为，在学习上同样可以熟能生巧。他告诫青年：“不轻视点滴工作，才能不畏惧困难，而不畏惧困难，才能开始研究工作。轻视困难和畏惧困难是孪生兄弟，往往出现在同一个人的身上。”“必须知道，只有不畏困难、辛勤劳动的科学家，才有可能攀登上旁人没有登上过的峰顶，才能获得值得称道的成果。所谓天才是不足恃的，必须认识，辛勤劳动才是科学研究成功的唯一的有力保证。天才的光荣称号是绝不会属于懒汉的！”

那么，如何着手从事研究工作呢？华罗庚说：“如果有导师指导的话，那他就可以告诉你这门科学过去有谁搞过，大致有些什么资料或著作（具体材料他也不可能知道），然后你可按这线索去寻找，这样做当然还比较好办。如果没有导师，只派你一个人去建立这个新部门，应该怎么办呢？我想首先要了解这门科学在世界上最有权威的是哪些人或哪些学派，然后拿这些人近年来发表的文章来看。起初很可能看不懂，原因大致有两种：第一，他所引证的教科书，过去我们没有念过。这很好，从这里知道我们还有哪些基础未打好，需要补课。第二，他引证了许多旁人的著作，这些著作我们不一定全部要看，但可以从这位科学家提供的线索开始，按他引证的书一步步扩大，从他研究的基础一步步前进。这样时间也不致花得太长，有的花一二年，有的花三五年就可以知道个轮廓了。”

华罗庚的上述经验之谈，不仅指导了青年们的学习，而且对各个学科的科学研究都有重要的指导意义。古语云：“授人以鱼，不如授人以渔。”无论从事哪类科学研究，只有掌握了求索真理与知识的方法，才能不断向更广阔、更深远的领域前进。华罗庚语重心长地向青年分享他的这些切身体会，也充分体现了他对青年一代的厚爱与期望。

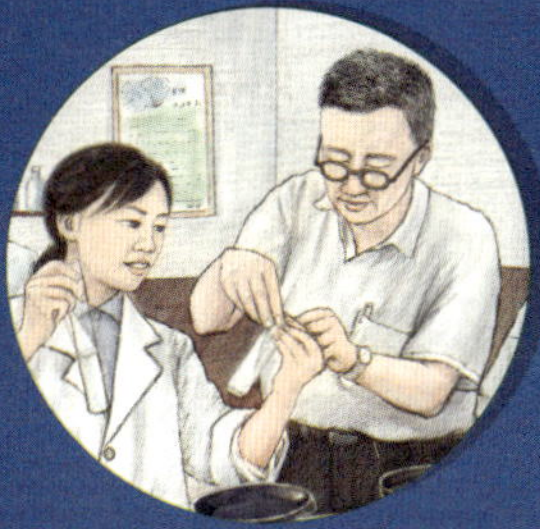

第八章 人民的数学家

华罗庚深切体会到，广大工人和农民太需要普及科学知识了。帮助他们摆脱贫穷，是每一个科学家责无旁贷的义务与使命。

艰难的抉择

1957年以后的很长一段时间，中国科学院的数学研究受运动影响几乎毫无进展，陷入停滞状态。

为了在数学研究所里保留一点数学气氛，华罗庚经过一番努力，在所里开辟出一块“练拳园地”——一块布告牌。他号召大家把研究过程中遇到的难题贴在“练拳园地”里，让其他青年当作习题来做。华罗庚首先把自己研究多复变函数论中碰到的代数恒等式与矩阵元定积分张贴出来，不少青年积极响应，认真尝试解答这些问题。

1958年，中国科学技术大学（以下简称“中科大”）

成立，华罗庚被任命为应用数学系主任，工作重心渐渐从数学研究所转向中科大。他亲自教授了第一届新生。在教学过程中，他把大学数学的基础知识融合成一个整体，而不是按传统的分科方法来讲。不过，效果似乎并不明显。

同年，华罗庚与王元受苏联一篇分析数论在多重积分中的应用的文章启发，利用计算机模拟手段，在高维数值积分的研究上取得了进展。“华－王方法”在国际上受到重视，他们于 1976 年出版《数论在近似分析中的应用》。这项工作获得了陈嘉庚物质科学奖，成为研究应用数学较成功的案例之一。

1960 年，华罗庚从几何学角度出发，研究了混合型偏微分方程。后来，他撰写《从单位圆谈起》一书，于 1981 年出版英文版本。

1961 年左右，数学研究所成立了所务委员会，华罗庚开展的工作必须经过数学研究所党小组与所务委员会的同意，这使他成了名义上的所长。

对于志在推动中国数学科学研究发展的华罗庚来说，这显然是无法接受的。适逢中科大成立，他的任命又下来了，所以他没有过多犹豫，决定离开数学研究所，到中科大工作。然而，从1958年起，他就在中科大与数学研究所两边任职，已被任命为中科大副校长。数学研究所就像他的孩子，他看着它诞生、成长、受挫，如今选择离去，对他来说是一个痛苦的抉择，但他已经别无选择。

1964年，华罗庚向数学研究所提交了辞职报告，但中国科学院不同意他完全辞去数学研究所所长之职，仅同意将他的人事关系转到中科大，仍挂名数学研究所所长。

华罗庚来到中科大后，组织了一个综合性讨论班，每周举行一次，每次由一个人主讲，题目自定，可以讲自己的研究成果，也可以介绍别人的工作。

20世纪60年代，华罗庚一共招了11个研究生，分别主攻3个重要研究方向——多复变函数论、代数学和数论。他的指导方针是研究生以自学为主，指定需要阅读的书籍和文章，参加一些讨论班，平均每两周向他汇报一次研究进展。迫于当时的形势，华罗庚极少关注学校的行政事务，将精力几乎全部放在教学和研究上。

“白发徒工”推广“双法”

作为一位充满爱国热情的数学家，华罗庚一心想为国家做些实事，并且为自己能为国家出力而自豪！1946年，他在访问苏联时发现苏联的数学研究所与大学的数学系都很重视应用数学，由此认识到理论与应用配合的现实意义。他说：“我要从书本中走出来，走到实际中去，用我们多年来练就的理论之矢，去射一下实践之的。”

从此以后，他经常利用空余时间到工厂和农村去，进行多种形式的调查访问。华罗庚深切体会到，广大工人和农民太需要普及科学知识了。帮助他们摆脱贫穷，是每一个科学家责无旁贷的义务与使命。他颇有感触地说：“中央的号召确实很及时，知识分子真该走出象牙之塔来。”为了将理论与生产实践结合起来，他多次跑到北京顺义的一个村子里，实地研究将打麦场选在什么地方最有利于粮食调度和运输装卸。

1964年，华罗庚收到一位日本朋友的赠书，书中介绍了系统理论和组织管理方法，其中提到关键路径法与计划评估和审查技术方法曾大大缩短美国海军“北极星”导弹的研制时间，这些方法虽然简单，但很有用处。

华罗庚以特有的洞察力和敏锐的眼光，抓住书中最有用的信息，经过巧妙加工，写了一篇通俗易懂的文章《统筹方法平话》。他在文章中以普通的泡茶来讲统筹法，显示了他深入浅出地普及数学方法的功力。

1964年，华罗庚在全国人民代表大会常务委员会上介绍了统筹法，与会人员觉得统筹法不仅通俗易懂，而且非常实用，都希望华罗庚能到他们的单位去推广应用统筹法。

经过一番精心的准备，1965年2月，华罗庚率领中科大与中国人民大学的师生来到北京774厂，即北京电子管厂，开始进行统筹法的试点工作。

然而，理论联系实际并没有那么容易。华罗庚一行带着满腔热情来到工厂后才发现事情并不简单，他们在774厂一连待了8个月，却收效甚微。华罗庚认为，这次应用统筹法失败的原因有二：一是统筹法适用于单项工程，尤其是从头搞起的工程，而他们在774厂选的课

题都不是单项工程。经过半年的试点，仅有一个小项目试验成功，而这个项目正是新开工的。二是缺乏实践经验，他们不了解工厂的运行体制和操作过程，群众路线走得不够充分。这使华罗庚在以后的工作中特别注意把方法直接交到人民群众手中，形成了国外所称的“群众运动的普及数学方法”。

对于这次试点工作，华罗庚后来回忆说：“头一次上路的时候，对于去搞试点，我还是大胆的、满怀信心的。一路上，老是想着毛主席的教导——战略上藐视敌人，战术上重视敌人。但到了现场，好大的规模，好复杂的系统，这也不懂，那也不了解，一下子又吓慌了，出现了叶公好龙的现象，人也胆怯起来了。”

几乎就在发现统筹法的同一时间，华罗庚又看到了美国威尔德的著作《优选法》。这是一种投资少、见效快、收益大、质量高的最优方案，华罗庚看了这本书后，兴奋地向学生们进行了介绍。他似乎已预见统筹法与优选法（以下简称“双法”）在中国工业部门中普遍应用的价值。从此，他的心思从理论研究转移到了“双法”的普及应用工作上。

推广优选法首先是从乌蒙山开始的，工作人员向华罗庚提出一个问题：能否将雷管的不合格率降低一些。华罗庚在现场见到“他们在一个掌子面（施工术语）进行爆破，安了22个雷管，其中一个雷管的引线潮了，班长把引线剪短，让大家走开，他点着火，爆炸成功了，可是班长和一名战士却牺牲了”。这次事故对华罗庚产生了极大震撼。他想，两个年轻人的牺牲是不可避免的吗？工厂生产雷管时，为什么不事先把次品检验出来，非要到现场使用时，必须付出血的代价才能检测出是否合格？难道这种牺牲不能让人警醒吗？他意识到，雷管的质量不只涉及战士们宝贵的生命，还是一个经济问题。如果运用优选法事先选好参数，就可以不出或少出废品。他说：“现在的科学家不能像从前那样闭门研究，而必须开门服务，送货上门。做小规模实验要大胆，做大规模的实验就要一炮打响，这就是从人民利益出发。”于是，他不顾自己身体虚弱，东奔西跑，在生产中搞优选、在管理中搞统筹，掀起了数学应用的群众运动。他亲自到各地区考察、做报告，将复杂难懂的数学方法解释给工人、农民听，以便他们能够将这种方法与生产结合起来，提高生产效率。

华罗庚还积极地参与基层建设。他深入祖国的大西南，参与到西南铁路的建设工程中，与当地工人一起在艰难的环境下克服种种困难，为国家的建设付出辛勤的汗水。

对于华罗庚的做法，数学界同行中有人认为“难登大雅之堂”，数学是科学皇冠上的明珠，怎么能变得如此肤浅呢？华罗庚听了没有生气，他说，作为一名专业人员，应该在自己的专业范围内钻得越深越好，但是对于要普及推广的应用数学来说，这还不是最好，更好的是要能钻得进，更要能跳得出。把高深的理论加工到浅显易懂，这功夫并不是人人都能做到的，要付出的努力绝不比光钻得深来得轻松，需要有深厚的学术功底，更需要能从高楼深院走向基层，想群众之所想，为群众提供他们所需的“听得懂、学得会、用得上”的科学方法。

从 1972 年起，华罗庚组织了推广“双法”小分队，到各地进行大面积推广。到 1981 年底，他带领小分队走过了 26 个省、市和自治区。小分队的成员一般由当地的技术人员、学校老师、社会上的生产能手、高校学生以及一些干部子弟组成。这是一个松散的组织，在一个省开始推广时建立，工作结束后便解散。

对于小分队下厂后的身份，华罗庚有明确的定位，那就是做“小徒工”。工人生产时需要用到尺子、量具、刀具、扳手等工具，优选法也是一种工具。当工人需要时，“小徒工”就要把工具送上，由师傅去试验和使用。华罗庚还称自己是一名“白头小徒工”，有时小分队成员取得了喜人的成果，他便写诗祝贺，常有“白发徒工致敬礼”“喜坏白头小徒工”一类的诗句。

经过多年摸索，“双法”在国民经济部门中得以普及应用，使生产工艺与管理水平有明显改善，产品产量与质量也都得到大幅提高。美好的前景鼓舞着华罗庚，各地领导与群众对他的爱戴与欢迎，也让他深受感动，促使他在普及“双法”的道路上一干就是将近 20 年。

参与西南铁路建设

在北京 774 厂试点的时候，华罗庚偶然遇到了铁道兵副司令员郭维诚。在交谈中，华罗庚的统筹法引起了郭维诚的浓厚兴趣，华罗庚在地板上用粉笔画图，简单介绍了统筹法及其可能取得的效益。郭维诚听完，当即表示要邀请华罗庚到成昆铁路施工现场去普及统筹法。

1964 年冬，华罗庚应邀到大西南去参加成昆铁路的建设，进行统筹法的普及工作。

考虑到大西南艰苦的环境，关心华罗庚身体的人都以他年龄大、腿脚不好、学数学出身及对一些专业知识不太了解为由，劝他不要去。但华罗庚却风趣地反驳，他明年一定比今年大一岁，随着时间的推移会越来越老，因岁数大不让他去，实际上是叫他早点去；腿脚不好是老问题，是几十年的老毛病了，随着年龄的增长，只会更加行动不便，所以说腿脚不好其实是催他早点去，要他越早去越好；而且他研究数学出身，不懂“三线”工程建设，这正是学习的好机会，可以虚心地向人家学习，“弄斧必到班门”，只有不断学习和积累，才能做出真正有价值的成果，所以要早些过去。总而言之，他把不让他去的 3 个理由，都说成是催他快点去，越早去越好！

1964 年秋，华罗庚带着学术秘书和中科大 1959 级毕业生王柱，与国家科委的庞伟华、中科大数学系副主任艾提一起来到成都“三线指挥部”，接着又转到成昆铁路所属线段。铁路工人们对华罗庚一行的到来抱着很大的期望。

华罗庚决定把隧道工程与桥梁工程作为推行“双法”的试点工程，因为这些工程都属于新开工的单项工程，容易取得成效。当务之急是向工人们介绍“双法”的基本知识，让他们了解基本的工作程序。

1965 年 5 月 4 日，华罗庚在贵州安顺西南铁路建设工地指挥部开办了第一个统筹方法训练班。参与培训的人员主要是所属铁路建设施工单位负责计划、调度、施工的工程技术人员和管理人员，共 150 人，培训时间为 4 天。

在培训中，华罗庚作了 3 次生动活泼、精辟透彻的关于统筹法的报告。学员们听完结合实际工作动手画统筹图，华罗庚还与他们一起讨论怎样划分工序、粗细到何种程度、怎样估计时间、工序怎样衔接、怎样调整可以缩短工期等。经过一系列理论联系实际的讨论，学员们都豁然开朗。从此，统筹法的推广应用在全国许多地方陆续开展起来。

成昆铁路建于崇山峻岭之间，这里地势陡峭，道路崎岖，人烟稀少。华罗庚每天拖着病腿，翻山越岭，在

奋战
成昆

工地上向战士和工人讲授统筹法。他从来不摆专家架子，态度和蔼、谦虚。有一次，他很坦诚地对大家说："用统筹法能不能提高效率，我现在还没有把握。在北京电子管厂我们搞了8个月的试点，最后失败了。这次，我是抱着向工人同志们学习的想法来的。过去，我教书的时候总是夹着一本书，如果不夹书，我的肚子里也有一大本书。现在，搞应用数学，我还是刚刚开始学走路，如果大家一定让我讲的话，我的讲稿只有几页。"

工人们听了很是感动，也很直率地说："在北京失败了，兴许在这里能成功，我们一起干吧！"他们三三两两地组织起来，一边学习，一边试验。华罗庚也把自己的学生与助手组织起来，分为运输统筹组和施工统筹组，奔波在各个施工地点，和工人们一起摸索奋斗。

一天，华罗庚带着几个人从成都前往甘洛，途中经过凉山。由于道路狭窄，汽车上下颠簸，大家都感到很疲劳，昏昏欲睡，突然一个急刹车，大家顿时清醒过来，纷纷探头往外观望。这一看，大家睡意全无，因为他们发现差一点就连人带车坠入万丈深渊，司机吓得脸煞白。

他们不仅出行面临着困难和危险，而且生活条件也很艰苦。由于山上缺水，没有办法洗衣服，他们身上都长了虱子，只能在睡觉的时候把衣服脱下来使劲抖抖。为了宣讲“双法”，华罗庚每天都要不停地讲话，他的嗓子都讲哑了，喉咙发炎，但他对此毫不在乎。

艰苦的环境使华罗庚更加感受到了科学的重要性。后来回忆起这段生活，他说：“在实际工作中，我看到了错误的数字可能导致阶级弟兄的伤亡，给国家带来巨大的损失，往往一位阶级兄弟、革命战士不惜牺牲性命以求的东西，就可能是我们计算时所忽略的小数点后第二位。”“我的这些体会是在书斋里、教室里如何设想也设想不到的东西，但在一滴水投进大海的时候，它就会发现要求变了，不再局限于如何不使自己干涸的问题，而是服从沧海的要求了！”

经过日夜不停地苦战，华罗庚终于拿出从成都到甘洛的运输方案，并获得了指挥部的同意。指挥部还授权华罗庚监督执行，这使华罗庚的“双法”有了施展身手的机会。事实证明，华罗庚提出的方案不仅加快了施工进度，而且提高了工程的质量。在获得中华人民共和国铁道部的嘉奖后，华罗庚一行带着成功的喜悦返回了北京。

回京后，华罗庚向中央有关领导汇报了在西南“三线”铁路建设工程中的试点情况，得到了他们的肯定与支持。不久，国家科学技术委员会决定在中科大成立一个统筹法教研室，编制为 20 人。这既是对华罗庚前期工作的一种肯定，也是落实华罗庚理论数学与实践结合、为社会与群众服务的理念的大好平台。

让数学为生产服务

在推广“双法”的过程中，尽管困难重重，但华罗庚的决心从未动摇。他努力克服种种困难，经常自己掏钱贴补小分队的日常开支；没有固定的办公场所，他就把自己的住所腾出来。小分队成员为他全心全意为人民服务的精神深受感染，一个个干劲十足。

统筹法教研室成立以后，华罗庚在北京友谊宾馆举办了一个统筹法学习班，由陈德泉、计雷担任联络员。华罗庚心中已经酝酿出大规模普及统筹法的办法：他先作通俗演讲，由泡茶讲起，再布置作业，让学员与联络员一起画出自己工厂的统筹图，然后进行交流，各个厂拿出一个个统筹图，互相观摩学习，以此扩大影响。华罗庚则在宏观上加以指导，并将统筹法向更大、更实用的层面进行普及。经过培训，有 100 多人掌握了统筹法与优选法的基本要领。

随着人员的增加，华罗庚决定兵分几路，到全国各地向各个行业推广“双法”。他派了几个人到西南铁路建设基地蹲点，继续推进前期的工作，其他人则前往长春、南京、石家庄、天津等地。每到达一个地方后，他们首先开办培训班，向厂长、技术员、工人和农民宣讲“双法”。

此外，华罗庚没有忘记几亿中国农民，他知道“农民太需要科学了，应该用统筹法统一安排农活，使农业生产管理科学化”。他在盛夏时节带领小分队来到江南农村，在闷热难耐、蚊虫肆虐的环境下，围绕农村严重存在的窝工现象，进行反复研究与论证，终于找到较为科学的改善办法。

面对应用数学的广阔前景，华罗庚意气风发，决心在这个新的领域一展身手。他分批分组地把小分队派到全国各地，深入一些主要部门推广“双法”，解决各种难题，并形成系统的经验。全国各地印刷了《统筹方法平话》和《优选法平话》达几百万册，听过华罗庚及其小分队讲述“双法”的人上千万。

这个时候，因推行“双法”而创造的一个个经济奇迹，也从四面八方传到北京：山东交通运输部门采用优选法，一个月节油 69.3 万升；解放军某部推广优选法半年，节油 2000 多万升；全国 17 个省的粮油部门，用优选法节约了 2500 千克粮食和 250 千克油脂；沙市棉织印染厂采用“双法”提高产品质量，使一等品从 16% 上升到 43%……这样的喜报不胜枚举，让华罗庚及其小分队倍感自豪，信心大增。

20 世纪 70 年代，脑出血患者很多，罪魁祸首就是高血压。华罗庚协助大夫，利用优选法，根据系统工程论和整体医学的观点，进行药物筛选和实验，经过 3 年时间，成功研制出北京降压 0 号，而后又研制出降压 1 号等复方降压片。病人每天服用一片，就可以有效治疗轻中度高血压。只要坚持吃药，就可以稳定血压，而且药价低廉，一片药只要几分钱。可见优选法对高血压防治发挥了很大作用。

1975 年 9 月，65 岁的华罗庚应邀前往黑龙江普及“双法”。这时，中国科学院以外继续参加小分队的人已经寥寥无几，以往去陕西的有100多人，这次去黑龙江的人数还不到原来的1/3。华罗庚心情也有些低落，但仍用“聚则成形，散则成气”来鼓励大家。他们从哈尔滨改乘小火车来到大兴安岭的伐木场，研究木材的采、运、用、育等问题。其中有个林场采用“双法”安排冬运木材后，大大提高了劳动效率，提前一个月完成了运输任务。

工作进展十分顺利，但回到哈尔滨后，华罗庚便因心肌梗死到鬼门关“走”了一遭。那天晚上，大家都去看电影了，华罗庚独自留在招待所里。突然，他感到身体很不舒服，躺在床上无力叫喊，用脚拼命蹬踹，用手使劲敲打铁床边沿。门外路过的服务员闻声赶来，看见华罗庚面色煞白、汗流如注，顿时吓哭了，连忙去联系医生。不一会儿，医生和小分队的部分成员赶来。经过检查，医生认定华罗庚是心肌梗死急性发作，需躺在床上静养，即使大小便也不能离床。至于是否要转入医院治疗，还需要商讨一个万全的方案。很快，北京的心脏病专家被请到哈尔滨。华罗庚的长子华俊东、儿媳柯小英、长孙华云接到病危通知后，也连夜赶过来，把华罗庚送进医院。在医护人员的精心照顾下，华罗庚渐渐转危为安，但从此也留下了心肌梗死的病根，健康状况大不如前。

这次生病，华罗庚人在医院，脑子里盘算的仍然是他那些放不下的工作与为人民服务的崇高理想。出院之际，他写下一首慷慨激昂的《病愈自勉》：

呼伦贝尔骏马，珠穆朗玛雄鹰，驰骋原野志千里，翱翔太空意凌云，一心为人民。

壮士临阵决死，哪管些许伤痕，向千年老魔作战，为百代新风斗争，慷慨掷此身。

出院后，华罗庚在宾馆接见了小分队的全体成员，他面带微笑地说："我住院期间大家都为我着急，我谢谢大家，你们看我不是好了吗？请大家放心。我出院时，省、市领导还劝我回北京进一步观察治疗，这是在关心我，但我拒绝了。我们的工作没有结束，不可能收兵回京，过去没有这样的例子，我要和小分队共同战斗到最后。"

"有的人说我年龄大了，身体又不好，在北京享清福多好，何必跑到一线受苦。当然，这不是坏话，也是对我的关心。我认为清福就是过着风吹不着、雨淋不到的安逸享乐的生活，我不习惯这种生活，这样会把我憋出病来的；我认为福就是在民众之中，为民办实事，不深入基层就看不到真实的情况，就不可能抓住主要问题去解决，所以说真正的知识和力量是来自民众之中的。”

1976年夏，唐山发生大地震，开滦煤矿停止外运，一时间，“北京缺煤！”“华北缺煤！”“工厂停工！”“居民断电！”的坏消息接连不断传来。华罗庚不顾自己大病初愈、心脏病随时可能复发的危险，于次年2月冒着漫天飞舞的鹅毛大雪，亲自到大同煤矿现场用统筹法进行运煤试验，历时5个月，带领工人突击运出了存煤100万吨，有效支援了首都乃至华北地区的能源供应。

1977年初春，太原市场上出现了小瓦数灯泡、暖水瓶胆等供应紧缺的情况，时近春节，居民的生活受到很大影响。华罗庚得知情况后，马上带人来到生产一线调研，发现生产环境十分恶劣，秩序混乱。调研结束后，他指示小分队从改善生产环境入手，优化生产秩序，帮助工厂提高生产效率与产品质量。在华罗庚的指导下，生产环境与生产秩序问题很快得到解决，同时开展的工艺优选也使产品一次合格率从80%升到90%以上，赶在春节前满足了市场需求。

1978年，华罗庚率领一个小分队到四川推广“双法”，某酒厂为欢迎华罗庚，特意成立了“双法”办公室。厂里的酿造技术大师刘沛龙参加了小分队在宜宾的活动，并多次听华罗庚讲学。刘沛龙学以致用，用优选法指导实验，在一个星期的时间里选出了38度和35度这两个最佳度数，后来又将38度改成39度，口感更加绵醇甘爽，在国际市场上引起震动，订货量猛增3倍。因此，单这一项出口就为国家创造了显著的经济效益。

对华罗庚来说，推广“双法”事无大小，无所不包，大到修铁路、建工厂的优选方案，小到炸油条如何省油，都可以进行研究解决。他以给工人、农民“做徒工”“递工具”来勉励自己及小分队成员，成了一位真正的人民数学家。日本数学会理事长小松彦三郎教授评价道：“就产业而言，华先生仅用20年时间就做完了其他国家需要几代人才能做完的事情。”这一评语直观肯定了华罗

庚的“双法”对中国经济发展与国家建设的重要推动作用，它就如燃料一般，源源不断地为全国各行各业输送能量。

有文采的数学家

很多人认为华罗庚只是在数学上很有成就，实际上，他的历史文化底蕴也十分深厚，而且对诗词也颇有造诣。

华罗庚念中学时，那时的课程设置非常注重文化知识的培养，因此华罗庚并不是一个“偏科”的学生，在国文方面很有天赋。有一次，国文老师布置作文，让每个同学阅读一本胡适的书，再写一篇读后感。老师把自己收藏的胡适的书籍分发给每个同学，华罗庚收到的是《尝试集》，这本书的扉页上有胡适的一段小序：

尝试成功自古无，

放翁此语未必是。
我今为下一转语：
自古成功在尝试。

华罗庚读完认为胡适把陆放翁的原意理解错了，陆放翁的“尝试成功自古无”是说一尝试便成功的事自古以来都没有，这句话无疑是符合实际的。而胡适所说的是，成功来自一次又一次的尝试，只有尝试了才能成功。两者都是正确的，只是看问题的角度不同，并没有什么矛盾的地方。于是，华罗庚在纸上写道：“胡适序诗逻辑混乱，狗屁不通，不堪卒读！”老师看到这句话后气得脸色发白，盛怒之下在华罗庚的卷子上写道：“懒人懒语！”从此把华罗庚列入差等生的行列，不予理睬。

华罗庚参加工作以后，在研究数学之余，对诗歌的喜爱更是有增无减。他曾用一首诗写出了他与闻一多的深厚情感：

挂布分屋共容膝，
岂止两家共坎坷。

布东考古布西算，
专业不同心同仇。

闻一多被暗杀30多年后，华罗庚在对他的纪念文章中，还赋诗一首抒发自己的怀念之情：

闻君慷慨拍案起，愧我庸懦远避魔。
后觉只能补前咎，为报先烈献白头。
白头献给现代化，民不康阜誓不休。
为党随处可埋骨，哪管江海与荒丘。

1953年，为了学习苏联，中国科学院组织科学家代表团去苏联进行访问，其中就有华罗庚。代表团需要着重了解：苏联科学院如何发展壮大以及现在如何领导全国进行科学研究的经验、苏联科学的现状及发展方向、中苏两国之间的科学交流等。这群在各个学科中独占鳌头的科学家享受着这次大聚会，在旅途中畅谈对当今科学世界风云事件的认识，各自畅想着心中未来的科学世界。

一天在火车上，素有诗文雅兴的华罗庚突然来了灵感，提议大家对对子，并且笑着用钱三强的名字组成上联——“三强韩赵魏”，要求各位对出下联。大家积极响应，但冥思苦想一番也没有人能对出来，连两位文史大家吕叔湘和刘大年也不得其解，最后还是由华罗庚自己给出下联，同样用的是代表团中另一位科学家的名字——“九章勾股弦”。众人听了恍然大悟，都赞叹对联构思精妙，诙谐有趣。

原来，在中国古代数学名著《九章算术》中，有关于勾股定理和正余弦等规律的介绍，而“九章”又恰好是代表团中物理学家赵九章的名字。这一对不仅对仗工整，就连内容也是上下呼应，可谓绝句！

大家在赞叹华罗庚文学造诣的同时，也为他幽默风趣的人格魅力所感染。这段故事成了中国科学界的一段佳话。

说起对对子，华罗庚与张广厚、王元等数学家于1981年去合肥的中科大讲学时，中科大为保证71岁的华罗庚每日身体健康无虞，特意安排一位姓倪的女医生照料他。有一天傍晚散步时，华罗庚突然诗兴大发，看着倪医生对大家说：“我出个对子，你们来对一下——妙人儿倪家少女。”这个对子很难，其中的“妙”与“倪”

被拆成了“少女”与“人儿”，又与倪医生相对。大家想了半天仍然想不出下联，最后还是华罗庚自己说出了下联：“搞弓长张府高才。”其中，“搞”与“张”拆成了“高才”与“弓长”，恰好又对应了在场的张广厚。大家无不赞叹对子之妙。

第九章 赤子之心

作为中国杰出的数学家之一，华罗庚的责任不仅是发展中国的数学教育，培养更多的杰出青年，还是带领中国科学研究走向新的阶段，与世界接轨。

老同志与新党员

从 1950 年回国起，华罗庚便认定中国共产党是支持发展科学的，这也使他把自己的政治生命与中国共产党紧紧地联系在了一起。

1958 年夏，华罗庚在中国科学院数学研究所召开的一次交心会上表示要加入中国共产党，他说：“我立志要做一个工人阶级的知识分子，我立志要以共产党员的标准要求自己，我立志争取加入伟大的中国共产党，做一名无产阶级先锋队伍的战士。”

谈及入党后的打算，他诚恳地表示：“人贵有自知之明，我这个人‘爱国’还算可以做到。但距离共产党员的标准还相差极远，好在初学写字的按样描红，有不少革命前辈的英雄事迹在，我一步一个脚印地走去，有信心走上轨道。我也冷静地思考过，我受党的教育早，而入党迟；我偏得于毛主席、周总理的教导多，而进步慢。这反映了我内在的缺点，我非用加倍的努力赶上去不可。有利的条件在于科学的社会主义大道上讲的是实事求是，不说空话大话，老老实实地干，为提高人民的生活水平和全民族的科学文化水平而干，为社会主义‘四个现代化’而干，我要把余年奉献给祖国、奉献给人民、奉献给党、奉献给壮丽的共产主义事业！”

1964 年年初，华罗庚读了毛主席写的《七律·和郭沫若同志》后，给毛主席写了一封信，并附上一首《西江月》词：

森森白骨堆中，是俺生身所在。皮囊纵然百般改，积垢依旧深埋。

妖兴易受蛊惑，风起障目尘埃。勤学毛著脱凡胎，才能入得门来。

其中的“才能入得门来”一句明确表达了他的入党

诉求。

1966年10月1日，华罗庚应邀登上天安门城楼，并且被毛主席亲切地称呼为“同志”。这使他更坚定了入党的决心。只可惜，由于一些特殊原因，他的入党诉求没能通过组织的批准。

华罗庚做事一向执着。1979年3月25日，他在前往英国伯明翰讲学前再次提交了入党申请书。他在结尾处写道：“虽然现在蒲柳先衰，心颤，眼花，手抖，头发白，但决心下定，为党和国家的事业奋斗终生。”“对党、对人民、对祖国起些微薄的作用。”

功夫不负有心人，同年6月13日，华罗庚总算实现了自己多年的心愿，成为一位真正的共产党员。

1980年元旦，华罗庚见到了邓颖超，邓颖超以“老同志，新党员”勉励他。之后，华罗庚写了一首词《破阵子·奉答邓大姐》，请《支部生活》杂志社转交给邓颖超。全词如下：

五十年来心愿，三万里外佳音。沧海不捐一滴水，洪炉陶冶砂成金，四化作尖兵。老同志，深愧怍，新党员，幸勉称。横刀哪顾头颅白，跃马紧傍青壮人，不负党员名。

华罗庚还写了一首《党员本色》，一同转交邓颖超，全文如下：

实干、苦干、拼命干，党员本色。空话、大话、逢迎话，科学罪人。实践明真理，历史证忠贞。聚沙成塔塔不固，长城哪能一夕成，所赖在坚韧。

成为党员后，华罗庚投身数学事业的劲头更足了，继续忘我地为国家和人民“燃烧”自己，“照亮”他人。

不变的爱国心

作为中国杰出的数学家之一，华罗庚的责任不仅是发展中国的数学教育，培养更多的杰出青年，还是带领中国科学研究走向新的阶段，与世界接轨。他的爱国之心并没有随着战争的远去而消减，反而在这种环境下愈显真切。

有一次，匈牙利著名数学家保尔·布朗对新中国进行学术访问，在交流过程中，他对中国晚清数学家李善兰提出的关于组合的恒等式问题进行了证明。保尔·布朗是第一个来到新中国进行访问的外国数学家，与新中国方面的交流具有重大的国际意义。华罗庚听到他的证明之后非常气愤，也十分内疚，因为这个数学问题最早由中国数学家提出，成果理应属于中国。但是由于多年以来中国的数学家没有做出相应证明，成果落入外国人手中。华罗庚觉得自己的民族自尊心受到了伤害，他把这件事说给学生们听，希望他们能从中有所体悟和思考。

因为保尔·布朗作完报告的第二天即将启程回国，所以华罗庚连夜对这个数学问题进行了研究，终于在天快亮的时候得到完整的证明方法，而且这种方法比保尔·布朗的方法更为简捷明了。

第二天为保尔·布朗送行时，华罗庚将自己的证明方法交给他，他看了震惊不已，没想到这位中国数学家有如此强大的智慧，仅用一夜时间就改良了他的方法。同时，他也深为华罗庚的民族情怀而感动。

后来，华罗庚把李善兰恒等式及自己的证明写进了他为配合中学生数学竞赛而编写的小册子《数学归纳法》中。

这一时期，华罗庚正当壮年，年富力强的他将全部精力投入数学研究中。荣誉和责任并存，在享受荣誉的喜悦时，他也不忘身负的重大责任。他从来没在困难面前退缩，总是迎难而上、勇敢克服。

改革开放以后，英国伯明翰大学数学系主任利文斯东慕名邀请华罗庚前去讲学。华罗庚觉得有机会去了解国际动态是件好事，于是欣然同意。有些朋友则认为，华罗庚多年来连图书馆都进不了，根本接触不到国际数学界的信息，现在去给外国人讲学，岂不是有班门弄斧之嫌，因此都劝他不要去。

对此，华罗庚很不以为然。他说，所谓讲学，去“讲”正是为了“学”。只有到大师面前去比一比，去“露丑”，才能认识到彼此间存在的差距，清醒地认识到自己的不足以及努力的方向，以人之长补己之短，才能有所进步。因此，他认为，要想提高自己的能力，“弄斧必到班门”。他还形象地说：“你要耍斧头就得敢到鲁班那儿去耍，如果他说我有缺点，一指点，我下回就好一点了；他如果点点头，说明我们的工作已有相当成绩。”

1979 年，华罗庚带着柯小英、陈德泉、潘承烈和那吉生 4 人到英国伯明翰大学。这是他从美国返回祖国后第一次到西方讲学。出乎他意料的是，“这次出访竟使西方学术界某些人士感到震惊。他们敏感地认为：华罗庚能到西方讲学，这一行动本身就说明新中国的政策有了变化”。

美国伊利诺伊大学数学系主任哈贝斯坦在《华罗庚论文选集》的序言里写道：

> 1979 年华罗庚在欧洲突然出现，对我们许多人来说，是一个罗曼蒂克事件，它使神话变成了现实。长期以来（似乎是命运注定的）华罗庚在我们的数学编年史上，仅是一个令人崇敬的名字，但他却意外地、端庄地出现在我们面前，庄严而又活泼，朝气蓬勃且富于智慧，文静而又不停地探索新的课题。这时候，我们才意识到，在长达 30 年的时间里他在国际舞台上消失曾经引起我们多么深切的怀念。从他的著作中挑选出这些论文，是最有说服力的论据，无须我们再作什么说明了。我希望它的出版能

代替我们最诚挚的话语："欢迎你回来！"我能为本书的出版略尽微薄之力，深感荣幸。从他那给人以深刻印象的全部著作中仅选出这样一小部分难免失当。而且，从长远看，我做的只不过是（在这里我引用华罗庚一句诗的大意）用木雕来报答对方赠予我的翠玉。

不管怎样，40多年后重访英国，故地重游，华罗庚不免感慨万千。他在这里见到了不少旧友，当年意气风发的少年如今已是白发苍苍。

华罗庚在伯明翰大学做了多次纯粹数学与应用数学的学术报告，得到了广泛好评。听众除了数学系的师生以外，还有数学物理系、数理经济系、生产工程系、机械系以及化学系的师生。他还应邀到牛津大学、剑桥大学、曼彻斯特大学等世界知名学府做报告。

伦敦数学学会也邀请华罗庚为英国数学界做报告，华罗庚以"在中华人民共和国普及数学方法的个人体会"为题，讲述了怎样把数学方法化繁为简，做到深入浅出、通俗易懂，使广大群众听得懂、学得会、用得上，提高工作效率和管理水平，解决生产中的实际问题，从而推动广大群众学科学、用科学的热情。报告结束后，伦敦数学学会秘书长给华罗庚写信说 ：“我想以伦敦数学学会和我个人的名义，感谢您能亲自参与会议并做了极为精彩的演讲而给予我们很大荣誉。我认为，您的经验除了中国外，对其他国家的情况也是完全适用的。即使在英国，好的数学家要解决实际问题仍然存在很大差距。虽然我们给很多工程技术人员讲授数学，但令人失望的是，他们中很少有人经常以数学头脑来思考问题。我只能期望，数学界能把您的榜样铭记在心，去做出实实在在的成绩来。”

作为对 1976 年美国数学家代表团访华的回访，华罗庚从英国回来后，又开始准备访美。1984 年 4 月 30 日，华罗庚参加了美国科学院院士大会。他于这一年全票当选为美国科学院外籍院士，院长普雷斯在会上详细介绍了华罗庚在数学方面的成就，最后说：“他是一个自学出身的人，但是，他教了千百万人民！”

华罗庚从 20 世纪 50 年代初离开美国回国，其间遭遇了许多委屈与劫难。这次，很多外国学者好奇地问他，是否后悔当年放弃在国外生活的机会而选择回国。华罗庚坚定地回答：“不！我一点也不后悔回到我的祖国。”

他当即发表了热情洋溢的演说，真诚地表达了自己对祖国的认识和思考，以及自己对祖国始终如一的热爱和忠诚。他的话受到了在场学者们的热烈赞扬。

是的，环境可能会给一个人的生活带来巨大的变化，但是绝不会阻止一个人追求卓越的心，只要坚持不懈地努力追求探索，进步就绝对不会停止。

华罗庚的事迹在旅美侨胞中流传甚广，很多人找上门来与他合影留念，并把他称作“科学使者”。

永远的故乡——金坛

金坛是华罗庚的故乡。华罗庚到清华大学工作后，除了每年学校放假可以回乡探望一下家人外，其他时间几乎都是独自在北京生活，他对故乡的思念之情可想而知。每次回到金坛，除了与家人团聚，他必定会去探望一直关心自己的韩大受、王维克、李月波等老师。金坛对他来说有太多值得回忆的地方，家里的小店、清河桥东的风土人情以及伴随他成长的金坛中学等，都存留着他的回忆。

让金坛人感到骄傲的是，即使后来华罗庚成为全国闻名的数学大师，他也没有忘记自己的故乡，而是对故乡有了更深的眷恋。

华罗庚在清华大学工作时，老家有人去探望他，带给他江苏出产的茶叶，他总是无比高兴，说："香，香不过故乡茶；亲，亲不过故乡人。"简简单单的几句话，深切表达了游子的思乡情怀。

1946 年夏，华罗庚结束对苏联为期 3 个月的访问回国，不久又要启程去美国访问。在这期间，他专程回了一趟金坛探亲访友。当时的他不仅是中外名人，更是金坛人的骄傲。听说华罗庚回来，金坛举行了盛大的欢迎仪式，恰巧华罗庚的恩师韩大受、李月波也回到金坛，华罗庚便放下一切先去拜访自己的老师。在去参加欢迎大会的路上，华罗庚坚持走在两位老师后面，并幽默地说百分之百应该是老师走在前面。进入会场后，他搀扶着老师在中间的座位坐下，自己则在老师身侧落座。他对老师的尊重，令在场的人感动不已。

由于华罗庚声名远扬，会场上聚集了很多想一睹其风采的人。主办方请华罗庚上台讲话，华罗庚推辞道："韩大受先生和李月波先生都在这里，理当先请他们两位讲话，否则哪有我说话的余地！"

听到人们用"数学天才"称赞自己，华罗庚摇头笑道："我哪里是什么天才啊，我是笨鸟先飞，慢慢学出来的，你们可以去问我的老师。"他始终认为，一个人的天分再好，也不能保证可以成功，成绩永远只能靠努力取得。"学习上没有什么天才，也没有捷径可以走，如果说有捷径，那就是要勤奋刻苦地学习，并要坚持不懈地努力，还要学会动脑筋。"

中华人民共和国成立以后，华罗庚利用一些短暂的休假时间或者工作机会回金坛，金坛人民每次都十分热烈地欢迎他。

华罗庚心中对故乡的感情很大一部分是对母校金坛中学的怀念，尤其是母校的老师们，他更是不曾忘怀。

华罗庚每次收到老师王维克的来信，无论在做什么，都马上回信。有一次，他因为出差，家里堆积了很多信件，回到家后他一看有王维克老师的信，不顾身体劳累，立即提笔给老师回信。他在信中真诚地写道："归后，见书函盈尺，但不能不先复吾师……"

1951 年，华罗庚得知王维克闲居家中，没有分配工作，便推荐他到商务印书馆任编审员，还经常去看望他。王维克工作勤勉，但因身体虚弱，加上不习惯北方的生活，于次年 3 月辞职回乡，4 月便去世了。华罗庚接到消息后悲伤不已，无奈公务繁忙，实在无法脱身，他一再嘱咐妻弟代表他去吊唁恩师，并一直关心师母陈淑及其家人的生活和工作情况。

1963 年 10 月，华罗庚到江苏视察工作，还特意绕道金坛去看望师母陈淑。1980 年，华罗庚借去江苏推广“双法”的机会，再次回到金坛，一是为了看望师母陈淑，二是去母校看看。陈淑把一本二版的王维克的《神曲》译本赠送给他，华罗庚动情地说：“这是老师的心血啊！”

多少年来，无论走到哪里，华罗庚对故乡、对母校的深情始终不改。不管什么时候，只要碰到老乡，他总是说金坛话。在北京，只要金坛来人，他总是高兴地说：“金坛人来了。”“我们又可以说金坛话了。”有时说到兴头上，他还要问问旁边的人：“我们金坛话好听不好听呀？”

华罗庚还极为关注家乡教育事业的发展，多次回到家乡给当地的学生发表演讲，支持母校的教育工作，甚

至用自己的薪金资助那些从家乡考到北京读书的学生，对他们极为照顾。华罗庚屡次强调教育对一个孩子的重要性，而他也将自己的一生贡献给了这项神圣的事业，在讲台上发挥了自己最大的能量。

华罗庚去世后，金坛人民非常悲痛。令他们惊讶和感动的是，华罗庚在遗嘱的第一条就明确表示，自己死后要将骨灰撒到故乡的洮湖里，让游子的身躯和灵魂都回归故乡，永远躺在故乡的山水怀抱里。后来，金坛人民在中山公园建造了华罗庚纪念馆，纪念馆门前的两根大柱子上刻有苏步青题写的对联：“一代畸人高山齐仰止，千秋事业祖国在飞腾。”

纪念馆里摆放了华罗庚的半身雕像，雕像后面的墙上挂有聂荣臻的题词：“精勤不倦，自强不息”。

2004 年，华罗庚的妻子吴筱元去世后，他们的儿女想为父亲了却归乡心愿，于是向全国政协和民盟中央郑重提出了骨灰迁移申请，很快得到了同意。随后，华罗庚与吴筱元的骨灰一起被迁回故乡金坛。

在骨灰安放仪式现场， 华罗庚的长子华俊东在致辞时回忆了父亲生前的一些事迹，他声音哽咽，几次用手擦拭眼泪，最后说道：“愿父亲长眠于故乡。”

最后一次演讲

自从 1975 年在哈尔滨发生严重的心肌梗死后，华罗庚的身体健康每况愈下。北京 301 医院的心脏病专家黄宛为他诊断后，得出了悲观的结论：华罗庚的寿命可能只剩下 5 ~ 10 年的时间！1976 年 1 月 15 日，华罗庚参加周恩来总理的追悼大会，会后因心绞痛入院，所幸几天后便康复出院。

1982 年 10 月 3 日，华罗庚亲自到淮南煤矿开办“坑口学习班”，向领导干部、技术人员及普通工人传授科学管理的方法，结果又一次发生心肌梗死，被连夜从淮南煤矿送进了北京医院。住院期间，他在病床旁边堆满了书和纸，一有时间就看书或计算。医生劝他好好休息，他和蔼却又坚决地说：“你们医生追求的是病人生命长短的最大值，而我要的是生命价值的最大值。”他多次强调，他要战死“沙场”，马革裹尸，决不甘心在北京坐以终老。

就在这一年，日本亚洲文化交流协会邀请华罗庚访日。他原计划于1983年前往日本并且已经订好了机票，但后来因为访美又把访日的行程推迟到了1985年。

1985年6月3日，华罗庚带着陈德泉、柯小英等人登上了赴日的飞机。柯小英是华罗庚的长媳，这次是以保健医生的身份出访。

华罗庚的身体状况并不是很好，但他觉得日本同行对自己期待已久，无论如何不能再让对方失望了。出发前，他嘱咐代表团成员到达日本后一定要虚心向日本同行学习，认真了解和吸取日本将数学方法应用于经济管理和经济决策的经验。

经过3个多小时的飞行，飞机在东京成田机场降落。华罗庚拄着拐杖走下飞机，受到日本亚洲文化交流协会理事长北村博昭的热烈欢迎。

中日双方的积极交流让华罗庚心情十分愉快。在访问日本之前，日本方面曾提出请求，希望华罗庚能够在行程中安排一次学术报告，华罗庚欣然接受。他想，这次的学术报告不仅是对自己学术成果的展示，更是代表国家向日本展示中国科学的发展动态，表达中国对日本的友好，对未来两国能够更好地进行学术交流具有重要意义。

6 月 9 日，从箱根回到东京后，华罗庚开始为报告的演讲稿做准备，他连续两天谢绝了所有的访问活动，甚至一直工作到凌晨 2 点。对于一位身体状况并不好的高龄老人来说，这样高强度的工作对他的健康是很不利的。

6 月 12 日上午，华罗庚早早地做好准备，在代表们的陪同下会见了日本学士院的数学院士们，并将最近出版的《华罗庚科普著作选集》赠予他们，日本院士们也恭敬地回赠了各自的著作。华罗庚坐在轮椅上，参观了日本学士院人员的工作环境，日本朋友热情地请求他在留言簿上写几句话。华罗庚写道："十分荣幸地来访问日本学士院，祝两国科学日益繁荣。"谁也没有想到，这句话竟成了华罗庚在人世留下的最后笔迹。

数学会的学术报告在东京大学的活动大厅里进行，全场座无虚席。下午 4 点，华罗庚在日本数学会会长小松彦三郎的陪同下，走进了这个期待已久的报告厅。他穿着笔挺的西装，拄着拐杖，笑容可掬，给在场的日本友人留下了很好的印象。这位满头银发的老人一步步地走向讲台，就像他总是一步步地走向他的梦想一样。会场因他的出现而爆发出热烈的掌声，大家都在期待着这位带有传奇色彩的数学家，向他们讲述数学世界的奥秘。

下午 4 点 20 分，华罗庚开始进行演讲。刚开始他用中文讲，由翻译译成日语，但是这种方式使他不得不放慢演讲的速度，在很多专业术语的解读上也有困难。在征集负责人和听众们的意见后，他改用英语进行演讲。没有了语言上的不便，他更是热情洋溢，认真细致地说明一个个数学论断，如数家珍般带领听众走进妙趣横生的数学世界。听众们深为华罗庚的热情所感染，以不断的掌声表示他们最真挚的敬意。会场里，华罗庚用苍老而激昂的声音向人们展示科学的力量和数学的魅力。

华罗庚越讲越兴奋，原定 45 分钟的演讲在他的请求下又延长了几分钟。他讲得满头大汗，先是脱掉西装外套，随后又把领带解开。会议负责人得知华罗庚身体不好后，特意在会场准备了轮椅。他可以坐着讲，但是为了表示对听众的尊重，他还是站着完成了演讲。

华罗庚结束了报告，在雷鸣般的掌声中疲惫地坐了下来。听众们还在回味着他的演讲，谁也没有注意到他又讲了一句什么话，之后他突然从椅子上滑下来，晕倒在会场上。人们大为震惊，在场的教授和医生们赶紧上去扶住华罗庚，此时华罗庚已经失去了知觉。

日方很快找来了东京大学的心脏病专家杉木教授。杉木教授赶到现场后，马上组织抢救，并亲自给华罗庚做人工呼吸与心脏按压，经过两次心脏按压，华罗庚有了一点呼吸。但是，暂停人工呼吸与心脏按压后，华罗庚的呼吸又变得微弱起来，杉木教授只得继续做人工呼吸。傍晚，医生们决定把华罗庚送往东京大学附属医院继续抢救。遗憾的是，抢救无效，晚上 10 点 09 分，华罗庚的心脏完全停止了跳动。

华罗庚永远地离开了这个世界！这位数学启明星虽然已经陨落，但他的坚强和执着、乐观和幽默、激情和热情，都深深地留在了人们心中、留在了数学的世界里。

1985 年 6 月 14 日，华罗庚的遗体告别仪式在日本东京举行，中日各界人士都前去为这位在数学事业中鞠躬尽瘁的英雄送行。

6 月 15 日，华罗庚的儿子华俊东手捧华罗庚的骨灰盒走下舷梯，回到华罗庚一生热爱的祖国。华罗庚将在这片土地上永远地安息。几天后，华罗庚的骨灰安放仪式在北京西郊的八宝山革命公墓举行。

华罗庚去世了，但是他对数学的不懈追求、对科学的热爱、对生命的执着，将永远留在人们心中。华罗庚在他的遗嘱中写了以下几点：

一、我死后丧事要从简，骨灰撒在家乡金坛的洮湖中；

二、我国底子薄，基础差，要提倡多干实事、有益的事，少说空话、大话；

三、发展数学，花钱不多，收益很大，应该多加扶持；

四、我死后，将收藏的图书及期刊赠送给数学所图书馆；

五、家庭生活的安排（略）。

这5条遗嘱凝聚着华罗庚最深的情感，无论是对家乡、对科学事业、对祖国，他始终在用至诚书写着对它们的热爱。这种热爱深沉而绵长，不虚华、不张扬，只是用最朴实的文字、最坚定的行动展示着那颗令人动容的赤子之心。

几十年时光瞬息而过。如今中国科学事业的发展已是举世瞩目，无数的科学新星在中国大地上冉冉升起，无数的科学成果从中国走向了世界。如果华罗庚的在天之灵能够看到，一定会无比欣慰。

当然，科学是没有尽头的。如何更好地发展科学、发展教育，甚至是发展国家，始终是需要我们不断探究的课题。逝者已去，但是精神长存，华罗庚留下的未竟事业将由我们继续书写，中国的未来也将由我们共同创造！